U0061615

尋宋：讀史訪古十萬里

吳錚強 著

CONTENTS
目錄

今天桂林月牙山龍隱洞還保存着皇祐五年刻石的《平蠻三將題名碑》，記述平定儂智高的經過，狄青、孫沔、余靖和三軍將士的職官和姓名，戰後對地方的善後政策，以及對立功將士的加官論賞。

至於醉翁亭景區，歐陽修守滁後盛極一時，政和年間開始衰落，宋金戰爭時毀於兵火。紹興二十年醉翁亭重建後稍有恢復，開禧北伐時又遭金兵焚毀。元代時醉翁亭曾有重修，明代再次興盛，有記載的重建葺治就有七次，並由東而西形成了醉翁亭、二賢祠、馮公祠、宋寶齋、皆春亭、見梅亭等組成的建築群，文人題詠層出不窮。

西陽宮正門上「西陽宮」三個字傳為康熙帝御筆，而門後的「柱國塚宰」傳為文天祥手書，西陽宮內的主建築為歐陽文忠公祠，這是一個四合院式的建築，內部有歐陽修的塑像，還有歐陽一族的世系表。出門左側是一幢兩層小樓，裏面陳列的正是我們此行的目的 —— 全國重點文物保護單位《瀧岡阡表碑》。

至和元年，出鎮并州的韓琦操勞過度，重病纏身，請求朝廷派太醫齊士明為其治療，隨後又在齊士明建議下請求回相州家鄉靜養。韓琦的這些請求有點過分，但宋仁宗都一一滿足。第二年，韓琦第一次出知相州，並在相州署衙拓建園池，包括康樂園與畫錦堂。

讀史十萬里

一、尋宋，甚麼情況

2015 年 3 月，我和好友老沈開啟了尋宋之旅。四年之間，我們走過的行程近十萬華里。

尋宋的緣由說來話長。2013 年，我在巴黎留學，浙江大學歷史系的陳新教授在萊頓大學訪學，約我窮遊歐洲，和我們一起出遊的，還有萊頓大學的羅馬史博士王忠孝。途中我們聊起了公眾史學的實踐項目，提及我與老沈正在建立以「歷史真好玩」為口號的「魚湯網」。之後，老沈參與了陳新教授浙江大學公眾史學研究中心的籌建工作，共同摸索歷史旅遊項目。經陳新教授介紹，老沈又邀請美國德堡大學（Depauw University）的羅馬史教授劉津瑜女士擔任古希臘、古羅馬之旅的專業導遊。不過，老沈對旅遊的熱情遠甚於項目開發，後來歷史旅遊項目沒了下文，倒是策劃過一些歷史遊學圖書，其中包括陳新教授提到的以朝代為主題的歷史遊學創意。這應該是尋宋最早的靈感源頭。

將這個創意轉化成 2015 年以來的尋宋之旅，還有其他一些機緣。有一段時間，或許是對日常生活過於熟悉的緣故，我把自己放逐到某種陌生環境的念頭越來越強烈。這時「澎湃新聞網」的饒佳榮先生來訪，想了解《龍泉司法檔案》項目的相關情況。聊着聊着，我跟他提到了尋宋計劃，引起了他的興趣。當時我還說不出所以然來，只是覺得尋宋會有一些學術或文化意義，並沒有具體的寫作計劃。我感覺需要走很久，去過很多地方，才會知道自己能不能寫點甚麼，能怎麼寫。

但即使甚麼也不寫，也要到遠處走走，讓自己處在一種尋訪、行走的狀態中。

二、尋宋何處

日本僧人成尋（1011—1081）的《參天台五台山記》是最近宋史研究的一個熱點。成尋往來天台經過海寧長安鎮，在日記中留下了現存宋代文獻中對長安閘壩交通方式最詳盡的描述，成為海寧市大運河（長安閘）遺產展示館佈展的重要史料依據。長安鎮是我和老沈的家鄉，我一直想在尋宋系列中寫一篇關於長安閘的小文，可惜對交通、考古了解有限，寫一些童年記憶則有些離題，不如由此做個引子，談談尋宋何處的問題。

年少時，我就知道海寧中學的「三女堆」是東漢遺存，街市中心的虹橋是明清古蹟，但對於長安鎮是千年古鎮並沒有確切的概念。我家就在上閘橋邊上，上小學時一般走中街，經過虹橋下的「反帝橋」到學校。沿河去學校路程更近，在河邊，可以看到機械牽引的翻水壩上，下塘河的船置於鋪滿橡皮輪胎的鐵筏之上，正被拖曳過壩。這些場景清晰印在記憶裏，只是從未想到翻水壩與上閘橋還是宋代古蹟，後來還成為世界文化遺產。

後來了解到宋代的長安閘壩、明清的長安米市、太平天國運動中長安鎮的戰亂等歷史知識，發現自己就讀的小學曾是熱鬧非凡的胡公廟，而今天長安鎮的居民主要是太平天國運動

以後周邊縣市的移民。這讓我意識到，歷史往往是斷裂的，日常生活中歷史記憶可能非常簡短。

回到長安鎮的現場，宋代長安閘壩的歷史信息，其實在不同的社會文化脈胳中得到了重現。

首先是紀念場館。海寧市政府為宣傳世界文化遺產，在虹橋下新建大運河（長安閘）遺產展示館。這裏最早是大會堂兼劇場，姜昆曾在這裏有過專場演出，後來改成電影院，再後來是家具廠。尋宋途中，我不時對老沈感歎一句：「沒想到我們自幼生活在世界文化遺產裏呢。」—— 但這種歷史感並不源於小鎮居民的歷史記憶，而是文化全球化複雜機制的意外產物。

其次是文物遺蹟。鄭嘉勵在《長安壩》中寫道：「2012年，為了配合大運河『申遺』，我在長安住過半年，任務之一，是把長安老壩發掘出來。」那年長安閘、壩之間的河水被抽乾，「掘出來」的無非是閘、壩遺址的幾處石槽，拍完照片又淹沒在河水之下。如今可以端詳、觸摸的長安壩文物，只有立於壩上的清代光緒八年（1882）的「新老兩壩示禁勒索碑」，可以追溯百餘年的時間。

最後是歷史現場。如果既沒有紀念場館，文物遺蹟也毫無蹤跡，那麼關於長安閘壩的「尋宋」，便只有讀着成尋的日記或楊萬里的詩句，來到一個叫長安鎮的地方，在河道上找到一座被稱為「上閘」的橋，在那裏拍照留念，發思古之幽情。

理想的狀態，歷史事件發生地、文物遺蹟、紀念場館應

該是三位一體，但事實上三者屬於不同社會文化脈胳的產物，往往此起彼伏。文物遺蹟是歷史穿越至今的存在；所謂「事件」是史家文字記述的結果，史書上大書特書的事件，現場往往是一無所有；至於紀念場館，則是後世出於特定目的對歷史的偶然回應。

比如在地上文物最多的山西，被宋太宗水淹的北漢晉陽城已難覓蹤跡，楊業兵敗的陳家谷口也不知所終，這是歷史現場。山西的宋代文物首推晉祠，又有定襄洪福寺、原平惠濟寺、忻州金洞寺等佛教遺蹟，它們很少進入歷史的宏大敍事，往往地處荒僻，人跡罕至。代縣雁門關景區內外楊業的塑像與祠廟屬於紀念場館，寄託的是對歷史的情感和情懷，但雁門關本身卻是明清建築。

因此，尋宋的目標也分為三種類型：（一）宋代歷史大事發生地；（二）國家級或省級重點文物保護單位中的宋代文物；（三）宋代名人遺址或文化紀念場館（含墓地）。以下是最初開列的尋宋清單：

（一）宋代歷史大事發生地：

（1）陳橋兵變：河南封丘；

（2）滅北漢：山西太原；

（3）高粱河之戰：北京；

（4）楊業兵敗陳家谷：山西寧武；

（5）澶淵之戰：河南濮陽；

（6）真宗封禪：山東泰安；

（7）宋夏戰爭：寧夏固原、陝西延安；

（8）元祐黨爭：河南登封；

（9）宋江起義：山東梁山；

（10）方臘起義：浙江淳安；

（11）靖康之變：河南開封；

（12）高宗登基：河南商丘；

（13）仙人關之戰：甘肅徽縣；

（14）朱仙鎮大捷：河南朱仙鎮；

（15）南宋偏安：浙江杭州；

（16）采石之戰：安徽馬鞍山；

（17）蒙哥之死：重慶釣魚城；

（18）襄陽之戰：湖北襄陽；

（19）文天祥被俘：廣東伶仃洋；

（20）崖山海戰：廣東新會。

（二）屬於宋代遺蹟的文物保護單位：

（1）鞏義宋陵；

（2）開封繁塔、鐵塔、開封府題名碑；

（3）雄縣古戰道；

（4）正定隆興寺；

（5）定縣開元寺塔；

（6）大名《御製大觀五禮之記碑》；

（7）太原晉祠；

（8）應縣木塔；

（9）銀川西夏王陵、承天寺塔；

（10）大足石刻、安嶽石刻；

（11）贛州城牆；

（12）蘇州文廟宋代石刻、玄妙觀三清殿、保聖寺羅漢塑像；

（13）泉州洛陽橋、草庵、老君巖造像、伊斯蘭教聖墓；

（14）莆田元妙觀三清殿、木蘭陂；

（15）桂林龍隱巖摩崖；

（16）陽江南海一號南宋沉船；

（17）杭州六和塔；

（18）湖州飛英塔；

（19）寧波南宋石刻博物館及史氏家族墓葬群、保國寺；

（20）紹興宋六陵。

（三）宋代名人遺址或文化紀念場館：

（1）蘇軾：黃岡赤壁、黃岡蘇東坡紀念館，眉山三蘇祠、蘇洵家族墓，杭州蘇堤、杭州蘇東坡紀念館，惠州西湖六如亭，常州蘇東坡紀念館；

（2）朱熹：建陽朱熹墓、考亭書院，上饒朱熹紀念館，武夷山朱熹紀念館，婺源朱熹祖墓；

（3）歐陽修：鄭州歐陽修墓、滁州醉翁亭、永豐西陽宮；

（4）范仲淹：洛陽范仲淹墓、蘇州范仲淹紀念館、鄧州花洲書院；

（5）岳飛：湯陰岳廟、杭州岳廟、朱仙鎮岳廟；

（6）王安石：撫州王安石紀念館，寧波王安石祠、廟，南京半山園；

（7）文天祥：吉安文天祥墓、海豐方飯亭、溫州文天祥祠；

（8）二程：洛陽二程墓、登封嵩陽書院；

（9）楊業：雁門關；

（10）胡瑗：湖州胡瑗墓；

（11）周敦頤：九江周敦頤墓；

（12）張載：眉縣張載祠；

（13）包拯：合肥包拯墓；

（14）曾鞏：撫州曾鞏紀念館；

（15）司馬光：夏縣司馬光墓；

（16）韓世忠：蘇州韓世忠墓；

（17）陸九淵：撫州陸九淵墓；

（18）陸游：紹興沈園；

（19）理學：鉛山鵝湖書院、九江白鹿洞書院、長沙嶽麓書院、商丘應天書院。

以上清單勾勒了尋宋計劃的整體格局，實際的尋宋行程受時間、交通等各種因素的影響。除專程尋訪以外，尋宋也包括家庭旅遊或學術活動的順訪，以及杭州宋史學人專題考察等不同類型。最近整理照片，發現長短不一的尋宋之旅有四十餘次，實際尋訪內容遠不止以上所列，不過也有一些最初的計劃至今尚未完成。

三、四十次行程

我與老沈同行的尋宋之旅有二十餘次，其中周邊自駕七次，高鐵、航班抵達後租車尋訪十四次。具體包括：

（一）2015 年 3 月 2 日，杭州寶石山。尋宋目標：牛皋墓、紫雲洞、岳王廟（岳飛墓）、半閒堂（半閒亭、抱朴道院紅梅閣）、保俶塔、大石佛院造像。步行約十公里。

（二）2015 年 3 月 12 日，湖州。尋宋目標：胡瑗墓、鐵佛寺、飛英塔、月河街、子城遺址、大小玲瓏山、弁山黃龍洞、霅溪。周揚波教授及當地文人雅士陳先生、畫家鍾先生、考古工作者莫君等陪同出遊，自駕約二百公里。

（三）2015 年 3 月 28 日至 29 日，上海。尋宋目標：龍華塔、法華塔、州橋、嘉定孔廟（科舉博物館）、秋霞圃（邑廟）、古漪園、雲翔寺雙塔、方塔園（興聖教寺塔）、李塔。高鐵往返，上海市內公共交通約一百五十公里。

（四）2015 年 4 月 7 日至 12 日，贛州、吉安、上饒等。尋宋目標：贛州通天岩、贛州城牆、鬱孤台、八鏡台、建春門浮橋、夜話亭石碑、贛州文廟及慈雲塔，吉安白鷺洲書院、永豐沙溪鎮西陽宮、歐陽觀墓、文天祥陵園、淨居寺、吉州窯遺址，上饒鉛山鵝湖書院。高鐵往返，當地公共交通約一千一百公里。

（五）2015 年 4 月 29 日至 5 月 5 日，銀川、武威、固原。尋宋目標：銀川承天寺塔、西夏王陵，武威《涼州重修護國寺感應塔碑》、武威文廟、大雲寺，固原大營古城、定川寨遺址

（上店子古城址）、好水川遺址。順訪鎮北堡影視城、寧夏博物館、鳩摩羅什寺、天梯山石窟、秦長城遺址等。航班往返，當地公共交通及租車自駕結合，約二千公里。

（六）2015 年 7 月 4 日至 6 日，馬鞍山、宣城。尋宋目標：馬鞍山采石磯、宣城敬亭山廣教寺雙塔。順訪朱然墓、李白墓等。全程自駕約七百公里。

（七）2015 年 7 月 14 日至 21 日，登封、鞏義、開封、封丘、鄭州。尋宋目標：登封中嶽廟、嵩陽書院、崇福宮、初祖庵，鞏義宋陵，開封鐵塔、繁塔、龍亭、大梁門與朱雀門遺址、包公祠、開封府、大相國寺、開封博物館，朱仙鎮岳飛廟、清真寺，封丘陳橋驛。順訪嵩嶽寺塔寺名勝約十處。高鐵往返，當地自駕約六百五十公里。

（八）2015 年 7 月 29 日至 8 月 2 日，泰安、曲阜。與老沈同行親子遊，順訪景靈宮遺址、壽丘等宋代遺蹟，泰山、岱廟、周公祠、孔廟均有宋真宗遺蹟。高鐵往返，當地行程約二百公里。

（九）2015 年 9 月 6 日至 13 日，定州、保定、石家莊、趙縣、濮陽、湯陰、安陽。尋宋目標：定州開元寺塔，雄縣古戰道，趙縣大觀聖作之碑、陀羅尼經幢，大名石刻博物館《御製大觀五禮之記碑》，濮陽《回鑾碑》，湯陰岳飛廟、畫錦堂。順訪殷墟等名勝近二十處。航班往返，當地自駕約一千五百公里。

（十）2015 年 10 月 17 日至 23 日，太原、五台、代縣、

應縣、朔州、忻州。尋宋目標：太原晉陽古城遺址、晉祠，定襄關王廟、洪福寺，繁峙岩山寺、代縣雁門關、新舊廣武城，朔州崇福寺，應縣木塔，原平惠濟寺，忻州金洞寺。順訪五台山名勝。航班往返，當地自駕約一千三百公里。

（十一）2016 年 2 月 15 日至 17 日，江門、陽江、珠海。尋宋目標：江門崖山海戰旅遊區，陽江海陵島南海一號沉船博物館、張世傑墓，外伶仃島。順訪開平碉樓群等。航班往返，當地自駕約一千公里。

（十二）2016 年 3 月 25 日至 28 日，重慶、大足。尋宋目標：重慶合川釣魚城遺址、淶灘古鎮、二佛寺摩崖造像，大足石刻。航班往返，當地自駕約五百公里。

（十三）2016 年 6 月 9 日至 11 日，寧波。尋宋目標：南宋石刻公園、忠應廟（王安石紀念館）、《大運河水則碑》、寶奎巷高麗使館、保國寺。全程自駕約六百公里。

（十四）2016 年 11 月 18 日至 20 日，襄陽、黃岡。尋宋目標：襄陽古城、米公祠、李曾伯紀功銘，黃岡赤壁、蘇東坡紀念館、安國寺。順訪鍾祥明顯陵等。高鐵往返，當地租車自駕約八百公里。

（十五）2017 年 1 月 23 日，大理。與老沈同行家庭遊，順訪元世祖《平雲南碑》。

（十六）2017 年 2 月 18 日至 20 日，蘇州。尋宋目標：吳江東廟橋、天平山范文正公忠烈廟、靈岩山韓世忠墓、紫金庵羅漢像、蘇州文廟宋碑、滄浪亭、景范中學（范氏義莊）、玄

妙觀。全程自駕約四百五十公里。

（十七）2017 年 6 月 2 日至 11 日，盱眙、徐州、濟南、商丘、滁州。尋宋目標：盱眙第一山、徐州黃樓、濟南靈巖寺、東平水泊梁山風景區、商丘應天書院、滁州醉翁亭。順訪嘉祥武氏墓群石刻等眾多古蹟。全程自駕約二千五百公里。

（十八）2017 年 9 月 28 日至 10 月 1 日，福州、莆田。與老沈等分別旅行，老沈行程又包括泉州。尋宋目標：福州華林寺大殿、鼓山摩崖、長樂聖壽寶塔，莆田元妙觀三清殿、釋迦文佛塔、木蘭陂、仙游萬壽塔、湄洲島媽祖廟，泉州洛陽橋、文廟、伊斯蘭教聖墓、清源山石造像群、九日山摩崖石刻、安平橋。全程自駕約二千五百公里。

（十九）2018 年 4 月 7 日至 11 日，九江。帶學生實習，老沈同行。尋宋目標：周敦頤墓、觀音橋、岳母墓、愛蓮亭、落星墩、石鐘山、潯陽樓、東林寺、白鹿洞書院。全程自駕約一千五百公里。

（二十）2018 年 7 月 28 日至 8 月 5 日，安嶽、漢中、徽縣、廣元、閬中、眉山。與包偉民老師、陳曉燕老師及老沈同行。尋宋目標：安嶽石窟、漢中東塔、徽縣仙人關遺址、廣元劍門關、閬中張憲祠、成都王建墓、眉山三蘇祠和蘇洵家族墓。順訪三星堆等。航班往返，當地自駕約二千五百公里。

（二十一）2019 年 4 月 28 日，長興、德清。尋宋目標：長興章惇墓、韓彥直墓，德清壽昌橋、防風氏祠。順訪謝安墓等。全程自駕約三百五十公里。

以上尋宋行程僅自駕及公共交通約二萬公里，計入航班、高鐵的長途往返則不下五萬公里，可折十萬華里。

此外，因參加學術會議、考察或其他學習活動順訪宋代遺蹟有五次：2015 年 5 月北京首都師範大學學術會議，西直門外尋訪高梁河戰役故地；2015 年 11 月延安學習活動，順訪寶塔山「嘉嶺山」等摩崖題刻；2016 年 4 月，張小也教授組織麻城學術考察，順訪陳愷墓等；2017 年 12 月深圳大學學術會議，順訪宋少帝（趙昺）陵；2019 年 3 月 15 日，南京大學學術會議，與周揚波教授同行尋訪定林寺。

家庭遊兩次：2015 年 8 月廣西之行，順訪桂林龍隱巖石刻；2019 年 2 月廣東之行，尋訪宋代遺蹟惠州西湖六如亭、汕尾壯帝居和方飯亭、潮州韓愈祠。

省內各種活動尋訪宋代遺蹟十餘次：2017 年單位組織考察活動，尋訪安吉獨松關；2019 年 5 月與曾曉祺同行溫州尋宋，目標包括平陽寶勝寺雙塔，瑞安聖井山石殿、陳傅良墓，溫州國安寺塔、三港殿、溫州博物館（海神廟殘碑等）、妙果寺、葉適墓，樂清王十朋墓、蒼坡村、能仁寺、東塔等；2019 年寧波學術會議參觀史氏墓葬群及宋代石椅。考古學者鄭嘉勵多次組織考古現場參觀活動，參觀考察的對象包括呂祖謙家族墓、嘉興杉青閘（宋孝宗出生地）、紹興宋六陵、杭州德壽宮等。當然，家住杭州，本地遊時也處處可尋宋代遺蹟，如徑山寺、杭州孔廟、六和塔、老龍井（胡則墓、辯才塔）、大麥嶺蘇軾題刻、鳳凰山南宋皇城遺址等。

以上四十次尋宋之旅，尚不計入 2012 年泉州與 2014 年合肥包公祠的家庭旅遊。

四、何所尋

尋宋，真能尋到甚麼嗎？

這就是靈魂拷問了。

我跟鄭嘉勵說，因為文物、考古方面的知識儲備太少，那些讓我震撼的精美的宋代文物，比如大足石刻、安嶽石刻（多為佛教遺蹟），我怕寫不出甚麼來。

尋宋，甚至談不上是田野考察。以前困惑地問過做歷史人類學的同事，明清史研究能在田野中發現歷史延續至今的社會格局與文化傳統，宋史就不可能，碑刻等考古文字資料同樣可以在書齋中獲得，對於宋史學者而言，田野考察的意義何在呢？同事回答，親臨現場能獲得某種感性認識，談不上對研究的直接推動，但看與不看完全是兩碼事。誠哉斯言，後來我的任何研究都伴隨着歷史現場的尋訪。

但尋宋不是研究項目，沒有搜尋史料的目的，文物遺蹟也不是研究對象，更不是為宋史通俗讀物搜羅風景插圖。從當初開列的尋宋清單來看，是想在書本以外尋找宋史敍述的某種脈胳。走得越多，就越清楚地意識到，這樣漫長的旅行，隱藏着對歷史文本的不信任，以及利用地理空間、文物遺蹟、歷史記憶重構宋史敍述的期待。

尋宋過程中可以記錄的旅行體驗、知識拓展極為豐富。

在無數次遊覽過的杭州寶石山抱朴道院，第一次關注到紅梅閣與賈似道傳說有關；在贛州宋代城牆上，我們徘徊多時，卻與「熙寧二年」的磚銘擦肩而過；從西陽宮裏面為我們開門的女士竟是歐陽修的後人；山西眾多赫赫有名的古建築散佈於不起眼的遠村荒街，出錯的導航能把我們導到另一個毫不相干的國家重點文物保護單位；在岩山寺，為我們開門的鄉間文物管理員駕駛着滿載穀物與家人的拖拉機姍姍來遲；在車流量近乎是零的高速公路會邂逅瞌睡不醒的收費員；爬上大營古城前，我們穿過了散發着工業廢水惡臭的水溝；司馬光編修《資治通鑑》的崇福宮內是一片玉米地，幾隻土雞正悠閒地在古碑之間覓食；鞏義宋陵有一半闢地保護，有一半還是農田。還有那些前所未有的駕車體驗，駕車穿過能見度為零的雁門關的雲霧，在三百五十公里蜀道的瓢潑夜雨之中駕駛，在不知路在何方的太原機場高架進出三次，都讓我們記憶深刻。為了壓縮旅行時間，保持普通遊客的體驗，尋宋全程我們一般不打擾當地師友，在路邊烤紅薯解決中飯成為常態。記得是 2015 年 9 月 12 日，夜幕降臨前，我們在空氣嚴重污染的峰峰礦區的破殘公路上着急地尋訪早被盜賣得七零八殘的響堂山石窟，可能因為心情比較激動，在某一個剎那，我終於感覺自己走到了歷史深處，成為穿越時空的旅行者，從書齋生活的沉鬱情緒中擺脫出來。

這些體驗讓我越來越迷戀作為旅行者的生活，卻並不構成寫作的源泉。寫作念頭的閃現，最先是在封丘陳橋鎮的宋太

祖黄袍加身處，看到陳橋驛匾額下掛着另一塊匾額顯烈觀的時候；後來是面對着曲阜少昊陵的壽丘、萬人愁碑感到無比困惑的時候；接着是在太原晉祠，看着那些宋代彩塑忽然覺得它們讓人感到陰鬱的時候；以及在代縣農家庭院的迷人秋景中看到難以理解的楊七郎墓的時候。在這些時刻，史書的敍述突然顯得有些陌生。

這些想法的堆積，讓我逐漸意識到尋訪的真正目標。尋宋，正是要尋訪那些通常被士大夫的歷史書寫所屏蔽，卻散落於荒村、隱藏於文物遺蹟之中的微弱的歷史訊號。

2018 年春，我在浙大高研院駐訪前後，有些朋友提醒我，朋友圈上的尋宋照片應該寫成文字。於是，我開始梳理這些旅途中閃過的念頭，仔細考量以遺蹟為線索的宋史敍述的可能性。尋宋中的點滴體驗，被我在宋代的人物、事件、關係、情感中重新拆解、排列、組合，於是便有了 2018 年 6 月以來在澎湃連載的「尋宋」系列小文。

這些文字看似散漫、跳躍，旅行體驗或有或無、若隱若現，涉及的話題在不同時空甚至虛實之間自由切換。但各篇綜合起來，我仍希望是一部完整的宋史敍述，拋開史書的思維限定，在地理空間與文物遺蹟中重現宋朝風雲。

2019 年 6 月 28 日初稿
2020 年 3 月 8 日定稿

1

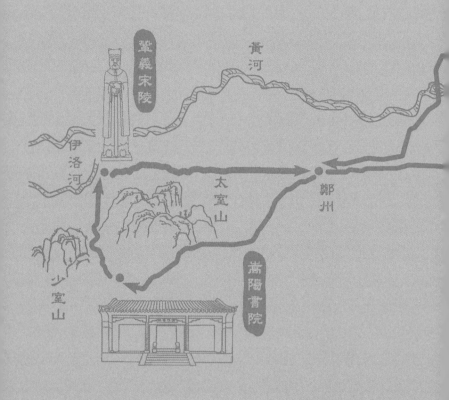

黃河

鞏義宋陵

伊洛河

少室山

太室山

鄭州

崧陽書院

河南行程：崧陽書院、鞏義宋陵、開封繁塔、朱仙鎮、封丘陳橋驛。

城北一傳舍‥封丘陳橋驛

駐馬店

開封繁塔

2015 年 7 月河南尋宋，我和老沈第一次租車自駕。我們先坐高鐵去鄭州，車廂內的空調開得很低，外面則是酷暑難耐。鄭州站附近的租車點離高鐵站尚遠，我們步行一程，冷熱相煎，老沈駕車至第一站中嶽廟時便病倒了。

之前的多次尋宋之旅，我們一直在摸索如何根據行程遠近調配合適的交通方式。在湖州與馬鞍山我們選擇了自駕，在贛州我們選擇了公共交通，寧夏與甘肅之行則航空、高鐵、自駕並用。有了一些經驗之後，我們便決定如果是長途尋宋，就先由高鐵或航班抵達省會城市，然後租車自駕。

我們養病的方式，不過是依靠隨身攜帶的常用藥品，並及時補充睡眠與休息。經過斟酌，我們放棄了攀登嵩嶽的計劃，在走完嵩山世界文化遺產建築群後，匆匆趕往鞏義。此行的高潮部分在登封與鞏義。開封眾多新開發的旅遊項目，以及繁塔周邊的雜亂狀況，讓人多少感覺有些尷尬。朱仙鎮與封丘陳橋驛之行是整個行程的尾聲。我們購得數紙宋史題材的年畫，算是對參觀朱仙鎮岳廟失望之情的補償。

至於陳橋驛，幾乎算不上是旅遊景點或名勝古蹟，有誰會紀念這樣的權謀兵變之地呢？這是我一直好奇的問題。尋訪陳橋驛的情形難以預期，因此多有新鮮體驗，包括駕車經過黃河浮橋時的心悸，遇見陳橋驛文保點門口無聊落寞的老先生們時的遐想，以及發現「陳橋驛」下掛着一方「顯烈觀」匾額時的觸動。

一、陳橋驛在哪裏

明初雜劇《黑旋風仗義疏財》中，宋江請李逵、燕青兩人喝酒，邀他們一起出門辦事。李逵不明就裏，便胡亂猜測，不知宋江哥哥這回是要殺人放火，還是要尋道君皇帝求招安。李

達唱了一段，調侃宋江與宋徽宗：

二末唱：莫不是護俺那宋官家去李師師家遊幸？

幫云：你猜不著，不是，不是。

二末唱：莫不是護俺那宋官家上元驛裏私行？

幫云：不是，不是。

二末唱：莫不是護俺宋官家黑樓子上聽彈箏？

幫云：不是，不是。

二末唱：莫不是護俺宋官家趙玄奴家開小說，楊太尉家按新聲？

幫云：都不是，你猜不著。

二末唱：既不是沙，卻怎地喚您黑爹爹不住程。

李達唱的宋官家（宋徽宗趙佶）在東京出沒的高級娛樂場所中，有一處上元驛。上元驛又稱上源驛，這其實是唐代的稱呼，後晉天福五年（940）已改稱都亭驛。都亭驛在東京祥符縣南、官街之西的光化坊，屬於頂級賓館，是接待遼國、金國使臣的指定場所，空閒時也可用於朝廷宴會等活動，因此李達認為在上元驛可能會碰到宋徽宗。

到了南宋，很多人弄不清楚上元驛在哪裏，還經常把上元驛與陳橋驛、班荊館混為一談，因為它們都有接待遼國使臣的功能。如南宋人王明清在筆記《玉照新志》裏說，上元驛就是宋太祖發動兵變的陳橋驛，後來又改為迎接遼使的班荊館。其實這是三個並存的不同的地方，都亭驛在城內，陳橋驛在東京陳橋門外東北三十里，班荊館在封丘門外稍東。陳橋驛與班荊館都在開封城東北，距離非常近。《宋會要》記載，南宋初年一次討論接待金朝使臣儀程，有臣僚提供了北宋時接待遼國

使臣的「舊例」，先派「開封府少尹一員往陳橋迎接，茶酒於班荊館」，然後「御賜筵酒果」。這說明陳橋驛在北，是迎接北使之地，班荊館在南，可以安置使臣或舉辦簡單的外交儀式，是「宋待蕃使之所」。使臣需要面見北宋皇帝，才由宋朝官員陪同安置在城內的都亭驛。

二、投鞭日午陳橋市

宋廷接待北朝使臣的專用驛館是班荊館與都亭驛，陳橋驛在外事活動中處於邊緣地位。雖然是宋朝的肇基之地，但一直到北宋末年，宋徽宗才第一次將陳橋驛建成宋朝開國的紀念場所。在此之前，陳橋驛似乎沒有任何神聖意味，在將近二百年的時間裏，這裏只是南北攻伐的軍隊臨時駐地或者宋人北行的途經之所。宋徽宗頗為難過地說：「其地今為傳舍，往來蹈履，非所以稱朕顯揚祖烈之意。」

五代時期，對陳橋驛的記錄總是與戰亂相關。後漢高祖劉知遠在太原稱帝（947）後進入開封，陳橋驛是必經之地，但見「百姓桑棗空有餘枌，其廬室悉牆垣耳」。他對陳橋驛的殘破景象頗為吃驚，問左右說：「因荒邪，因兵邪？」臣僚們回答說，這裏是當年契丹南侵時，降附契丹的杜重威駐軍的地方。劉知遠聽了十分感慨，發誓說：「重威破國殘物，一至於此，此而不討，是朕養惡蓄奸，何以為蒼生父母，副海內徯望之心也。」由於長期戰亂，天下祈盼太平的心情日益逼切。趙匡胤發動陳橋兵變，時人期待這是太平時代的開啟，傳說華山

道士陳摶激動地從驢上攧下來，歡呼「天下從此定矣」。

史籍中再次出現陳橋，已是趙匡胤的侄子趙恆（宋真宗）親征澶淵及封禪泰山的時候了。《澶淵之盟》標誌着宋朝北境和平時代的真正到來，此後兩國歲有交聘，陳橋驛便是宋人離京北行的第一站。「國門一舍地，傳舍猶當時」，這是沈遘使遼時所作《陳橋驛》詩中的句子。王安石在嘉祐五年（1060）作為送伴使送遼國使臣歸國，途中有《陳橋》詩云：

> 走馬黃昏渡河水，夜爭歸路春風裏。指點韋城太白高，投鞭日午陳橋市。楊柳初回陌上塵，胭脂洗出杏花勻。紛紛塞路堪追惜，失卻新年一半春。

王安石正月出使，二月歸來，行至陳橋時看到一片春光，楊柳杏花，集市未散，不再是五代時「百姓桑棗空有餘枿」的情形。

宋遼和平維持百年之久，陳橋驛一直扮演着「國門一舍地」的低調角色，直到宋徽宗趙佶為「顯揚祖烈」在這裏修建顯烈觀，陳橋驛才被賦予特殊的政治意義。不料宋遼再啟戰端，金人趁機南下，陳橋驛連同開封城一起淪喪於金軍。靖康之難，趙佶北狩，經過陳橋時，應該能在灰燼中辨認出顯烈觀的殘骸。

三、宋太祖黃袍加身處文管所

2015 年 7 月 20 日中午，我和老沈在朱仙鎮的年畫作坊購得了趙匡胤、楊業等宋史題材的年畫，然後驅車前往封丘陳橋

鎮，尋訪陳橋驛遺址「宋太祖黃袍加身處文管所」。

史籍稱陳橋在開封城門外東北方向三十里，剛好是今天開封市至陳橋鎮的直線距離。從朱仙鎮駕車到陳橋鎮，需一小時四十分鐘左右。當年陳橋驛在黃河之南，「走馬黃昏渡河水」一句，說明王安石的《陳橋》詩作於使遼歸國途中。三百年前黃河再次改道，從此河水在開封與封丘之間流過，我們前往陳橋驛需要經過臨時搭建的黃河浮橋。

陳橋驛所在的封丘，因漢高祖劉邦不忘賜飯之恩，封翟母為封丘侯而置縣。封丘的地名歷史悠久，春秋時南燕國君伯儵祭祀兒子的祭台慕子台，又名封丘台，封丘遂成地名。陳橋鎮在封丘縣東南，黃袍加身處又在陳橋鎮西北。今天的所謂「陳橋驛」，是一座有一些暮氣的二進院落，正式的名稱是「宋太祖黃袍加身處」，1955 年成為縣級文物保護單位，1986 年又成為省級文物保護單位。門口停車場上有將軍躍馬的塑像，猜想應該是趙匡胤。院門口坐着幾位神情落寞的老者，他們面前的收音機裏正放着咿咿呀呀的唱腔，聽不懂唱的是甚麼，難道是豫劇《趙匡胤登基》？

宋徽宗為「顯揚祖烈」而建的顯烈觀毀於宋金戰火，明清時期此處或仍是驛站。據 1994 年所修《封丘縣志》記載，明代天順三年（1459）此處建東嶽廟，清代光緒十三年（1887）在東嶽廟內設宋太祖黃袍加身大殿，陳橋兵變的歷史記憶才再次浮現。新中國成立前，東嶽廟改為學校，但保留了「宋太祖黃袍加身處」、「繫馬槐」等碑碣。1978 年以來，作為文物保

護單位，陳橋驛得到了多次修繕，學校被遷走，建築大體恢復了清光緒時的規模，文物保護的面積有二萬多平方米，保護的範圍除一座二進庭院外，還包括西邊一片荒蕪的池塘綠地。

　　走近大門，門楣上有陳橋驛、顯烈觀上下兩塊匾額，邊上又掛着宋太祖黃袍加身處文管所的招牌。第一進院落有介紹陳橋兵變的照壁，左右又立着兩通石碑：左邊是《宋太祖黃袍加身處碑》，碑陰是清代金夢麟題的《題繫馬槐》；右邊是《繫馬槐碑》，碑文為清代乾隆時期（1736–1795）河南府尹張松孫所題——這就是今天陳橋驛遺址最主要的文物了。《繫馬槐碑》旁有石馬及古槐一株。據說，趙匡胤曾在這株古槐上拴馬，古槐曾經高達四米，周圍五點四米，需三人合抱，是唯一的宋代遺物。清代順治（1644-1661）時《祥符縣志》就記載

宋太祖黃袍加身處「今有繫馬槐，大二十圍，枝條虬曲空洞，甚為奇觀」，可惜盛景不再。今天所見古槐雖也「虬曲空洞」，也有綠葉，但似乎是樹枝和水泥結合的人工作品。東西配殿各有「天道攸歸」、「應天順人」的匾額，殿內是古兵器之類的陳列以及陳橋兵變的圖文說明。正殿稱趙匡胤登基大殿，門楣懸瘦金體「顯烈」匾額，大殿正中有趙匡胤的鎏金坐像。第二進院落更為寬闊，不過各殿大門緊鎖，院子中的石獅有玻璃罩保護，可能是從別處移來的文物。

　　宋太祖黃袍加身處文管所內立有諸多以保護文物為主旨的新立石碑。其中《重修山門廂房碑記》記述了 1992 至 1995 年間封丘縣博物館館長李天錫主持修建山門、廂房的過程，參與者有縣博物館副館長、文管所副所長以及工人十餘人。我尋

陳橋驛門前

照壁、繫馬槐、正殿。

思着這些熱心文物保護的人士，會不會就有坐在門口的老者。

四、「應天順人」還是「欺他寡婦與孤兒」

講陳橋兵變，有兩個不得不討論的問題。一是宋太祖事先是否知道兵變計劃，二是宋太宗是否參加了這次兵變，通常的答案是肯定前者而否定後者，這就意味着黃袍加身不僅是一場兵變，更是深不可測的政治陰謀。這樣成功甚至完美的政治陰謀應該如何書寫？這往往是史官無法承受的挑戰。因此，諱莫如深，視而不見，才是宋人對待陳橋兵變的政治正確。宋人的陳橋詩中極少出現兵變之事，這也注定了陳橋驛的身份始終只是一處傳舍。

打破這種規矩的是最富有「自我作古」精神的宋徽宗。在曾讓的建議下，他於大觀元年（1107）御筆下令在陳橋驛舍建造一座宏偉的道觀，並親書顯烈觀匾額。拆遷工作立即開展，「所有驛舍，仍移於側近繫官地，先次拆移修建，疾速施行」，於是陳橋驛成了顯烈觀。宣和二年（1120），宋徽宗將每年的正月初四定為開基節，以紀念宋太祖在陳橋兵變後登基稱帝。宣和六年（1124）顯烈觀建成，陳橋驛成為開基聖地，可惜兩年後毀於戰火。從陳橋兵變到顯烈觀焚毀，宋王朝的黑暗能量——政治陰謀、道教崇拜、軍事災難，神奇地融匯在一起。

直到元代，文人的陳橋詩作才不再避諱黃袍加身的歷史事件，比如張憲的《陳橋行》就是描繪兵變的敘事詩，說是「重光相蕩兩金烏，十幅黃旗上龍體」。不過，不要以為宋亡之後，陳橋兵變的歷史記憶就變得如何美妙了。明代筆記《識小錄》的「陳橋驛」條目，講的便是宋朝「欺他寡婦與孤兒」的孽報故事，不但宋亡於元，甚至宋太祖不得傳位於子，都是這一場政治陰謀的報應：

> 宋太祖自欺其君，而太宗即欺其嫂與侄，若宋後之不成喪，德昭之不得其死，又現前孽報矣。

尋宋途中，所見多是賢人忠烈、文士君子的風流功業，或者滄桑寶貴的文物遺蹟。宋太祖「啟運創業」的陳橋驛，與風雅或憂患的士大夫精神毫無關係。而那裏發生的一切，或許才是宋朝歷史文化的真正底蘊。

960　趙匡胤發動陳橋兵變，建立宋朝，是為宋太祖。

961　杯酒釋兵權

962　削奪節度使鎮將之權

963　平荊湖，置通判，頒行《宋刑統》。

964　趙普拜相，置參知政事，伐蜀。

965　平後蜀

966　宋太祖感歎「宰相須用讀書人」

967　西平王李彝興（殷）去世

968　攻北漢

2

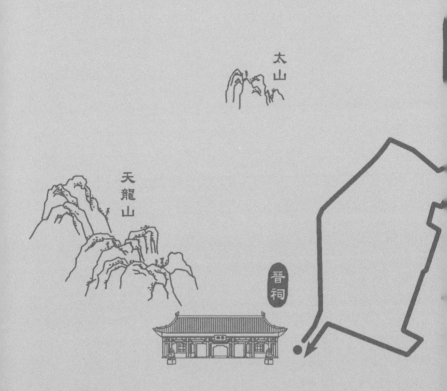

太山

天龍山

晉祠

太原行程：太原古縣城、晉祠、阿育王塔。

晉水女神的哀怨……太原晉祠

太原古縣城

對於自幼生活在江南水鄉、商業市鎮的人來說，在秋收時節徜徉於雨後晉中盆地紫金色的田野上，會感覺心靈被浸潤得質樸敦厚起來。對於以讀史為生的人來說，這裏的歷史層次太過豐厚。晉祠唐叔虞的「唐」可以追溯到國史上第一位聖君唐堯，趙襄子的晉陽之戰開啓了戰國時代，李淵父子晉陽起兵肇始大唐盛世。這裏有太多迴腸盪氣的冰與火之歌，簡直讓江南顯露出中古以前荒蠻、異域的底色。

　　山西有太多的地上文物，除了赫赫有名的佛光寺、應縣木塔，這次我們刻意尋訪的宋代古建築幾乎都在窮鄉荒街，每次尋訪都像是一次奇遇。定襄縣的關王廟，竟是背對街道的一座單體建築。我們不得其門而入時，才意識到從巷子裏推着自行車出門的剛才擦肩而過的男子，應該就是關王廟的管理員。我和老沈走入巷子，果然發現關王廟就在一處民宅前的圍牆內。我們按捺住翻牆而入的衝動，舉着相機隔牆拍下了關王廟的正殿。

　　尋訪繁峙縣岩山寺時，我們被導航引到四十公里外的岩頭村。先是把車開進了煤礦，然後找人問路，循着指點，卻誤入了另一處全國重點文物保護單位秘魔寺（秘密寺）。第二天在天岩村找到真正的岩山寺，只見寺廟正在擴建，宋代古建築卻並不開放。百般不甘之下，我們闖入工地，詢問工人。工人打量我半天，看着牆上貼的通訊錄，讓我們撥了一個手機。大約過了二十分鐘，管理員開着滿載着穀物的拖拉機從田間趕來給我們開門，並告知這裏的壁畫不許拍照。

　　原平市惠濟寺在村莊的中心，因為文物曾經被盜，現在不再開放。我們隔着窗戶往裏看，只見蜘蛛正在真假難辨的宋代塑像上織網。修繕中的定襄縣洪福寺在荒山之上，彩塑已被封存。忻州金洞寺在偏僻的田間，大門緊鎖，寺內有香火的痕跡。我們撥通塗寫在牆上的管理人員手機，說要給菩薩捐一點功德，這才尋訪到建於元祐八年

（1093）的轉角殿。

就藝術造詣而言，我以為朔州崇福寺的金代佛像與壁畫，似在太原晉祠宋代彩塑之上。太原晉祠宋代女神的臉過於蒼白，背後隱藏的是晉陽人民對宋王朝的憤懣、怨懟與恐懼。

一、聖母是誰

地上文物看山西一點沒有說錯，我們這次在太原、晉中一帶的尋宋之旅，主要圍繞着古建築展開，尋訪的重點對象，自然是中學語文課本上讀到過的晉祠。晉祠文物的繁盛精妙，歷史底蘊的深厚豐沛，令人歡喜讚歎。可端詳聖母殿的宋代彩塑，確認聖母殿與叔虞祠的方位關係之後，我便無從排遣心中的困惑。

當時聖母殿前熱鬧非凡，左側王瓊祠倒顯得更古樸寧靜，我和老沈流連於王瓊祠前，觀賞有六百餘年歷史的雌雄銀杏樹，差不多耗去遊覽晉祠將近一半的時間。現在回想起來，這似乎是有意躲避晉祠聖母殿陰森和壓抑的氛圍。

尋宋途中所見精美的宋金彩塑，包括濟南靈岩寺羅漢塑像、蘇州紫金庵羅漢塑像、大足及安嶽石刻造像和朔州崇福寺彌陀殿塑像。相比之下，聖母殿女神及侍女彩塑似非上佳之作。無論是之前閱讀圖片還是這次現場觀賞，總覺得這些女性被塑造得過於單薄、呆板。她們臉色蒼白，雙唇緊閉，目光近乎呆滯，禮貌式的微笑也顯得冷漠而愁苦。退至殿外，兩座精美而威武的力士彷彿有些悲憤的表情，同樣為晉祠營造了壓抑

的氛圍。

　　更讓人百思不解的，是聖母佔據着晉祠主殿的地位。晉祠難道不是為奉祀唐叔虞興建的嗎，為何奉祀的卻是聖母？用傳統士大夫的說法，這究竟算是正祀還是淫祀？用史學工作者的眼光來觀察，這其中該有多少對歷史的篡改？晉祠的格局很奇特，以聖母殿為核心的祠廟建築群坐西朝東，背靠天龍山，面臨智伯渠。自晉祠大門而入，經水鏡台、金人台、對越坊、獻殿、漁沼飛樑而至聖母殿。唐叔虞祠居於主幹道的北側，雖然坐北朝南，卻屬於一組道教建築群，以關帝廟、玉皇閣為中心，叔虞祠與文昌宮分居兩側。道教建築的對面有三聖祠、晉溪書院、太原王氏宗祠，屬於儒家建築群。聖母殿的西北角則又有水母樓，具有民間祠廟色彩。在這三組建築群以南，留山湖對岸的奉聖禪寺，也包括在晉祠景區之內。這樣看來，整個

晉祠大門

晉祠聖母殿

晉祠景區的格局是民間信仰統領儒、釋、道三教，古怪得讓人摸不着頭腦。

查閱資料才知道，我的疑問也是學術界長期討論的未解之謎，聖母是唐叔虞的母親邑姜的說法，可能是明清士大夫對叔虞不居主殿的遁詞，不少學者認為聖母其實是鳩佔鵲巢。然而，這一切是如何發生的呢？

二、晉陽城的歷史

2013 年，耿彥波調任太原市市長後，明代太原縣城保護復興工程立即上馬。我們來到太原時，在太原南部的晉源區，格局尚存的明清城牆正在重新修繕，雄偉的城門拔地而起，與之相隨的還有「明太原縣城保護開發是改善居住生產生活條件的唯一出路」等拆遷標語。

坐落在今天晉源街道的明清太原縣城始建於明代初期，與宋代毫無關係。兩千五百年前興建的晉陽古城在晉源街道稍北的古城營村。太平興國四年（979）宋太宗趙光義滅北漢並徹底毀滅晉陽城之後，在他的駐蹕地，即晉陽城東偏北約二十里、今天的馬練營村附近建起平晉城，面積不足晉陽城的二十分之一。不久，趙光義又令潘美在晉陽城北四十里處的唐明鎮新建一座府城，後來發展為今天的太原市。因此，太原有不同時期的四個城址，其中三個與太平興國四年宋太宗滅北漢有關。

晉陽是千年古都，在周敬王二十三年（前 497）出現於史

書，先後成為戰國趙都城、秦太原郡治、漢初代國都、漢并州治、曹魏并州治、西晉太原國都、前秦都城、北魏并州治、北魏末期實際行政中心、東魏下都、北齊別都、隋太原郡治、唐初并州治、武周北都、唐北京、前晉都城、後唐西京和北京、後晉北京、後漢北京、北漢都城。參觀晉祠之後，天色已晚，我們繼續尋訪古城營村晉源二中校園內的阿育王塔（惠明寺舍利塔），這可能是與晉陽古城直接相關的唯一地上建築。這座覆缽式寶塔號稱是中國十九座舍利塔之一，現存塔身建於明代，但在宋真宗、宋神宗時代該塔已有三次重建，更早的歷史可以追溯到隋代仁壽二年（602）。

歷史有時會不可思議地重複發生，比如前後相隔一千五百年的兩次水淹晉陽的故事。晉祠景區內的河水稱為智伯渠，第一個故事正是從智伯開始。智伯聯合韓、魏兩家包圍並水淹趙襄子堅守的晉陽城，趙襄子暗中聯合韓魏兩國反擊智伯，然後三家分晉，奠定了戰國七雄的格局。此後，李淵父子晉陽起兵時曾在晉祠「祈嘉福」，晉祠「貞觀寶翰」亭中唐太宗御製《晉祠之銘並序碑》正是為此而作，晉陽也因此成為唐朝北京。後唐李克用的霸業始於中和三年（883）坐鎮晉陽之後，五代政權雖多以開封（汴京）為都城，但除後梁朱溫，後唐、後晉、後漢、後周皇帝無不源自晉陽李克用集團，殘唐五代史因此被人概括為晉汴之爭，這種格局一直延續至宋初。後周建立後，晉陽保留着北漢政權，宋太祖、宋太宗順利平定南方，圍攻晉陽卻多次無功而返。

只有了解晉陽在唐五代時的龍興地位，才能理解北漢降宋後宋太宗的忌憚之心及火燒、水淹晉陽城的殘暴之舉。

三、聖母殿修於何時

毀滅晉陽城之外，宗太宗還做了其他破壞工作。2011年，中央電視台探索發現頻道《發現之路》欄目製作了一期題為「晉祠之謎」的節目，節目認為移除晉祠主神唐叔虞正是宋太宗的主意。李唐王朝因奉祀唐叔虞而興，宋太宗為了破除晉人龍興之運，以整修晉祠大殿為名，將唐叔虞的神主偷偷置換為陰弱的女性，並稱那是叔虞的母親邑姜，晉祠從此變成了聖母殿。這個故事編織得似乎合情合理，可惜缺乏文獻依據。

依據現在所見文獻資料，可以確定宋代聖母殿的以下時間線：

（一）太平興國四年（979）宋太宗滅北漢，毀晉陽城，重修晉祠，仿唐太宗立《新修晉祠碑銘並序碑》。據碑銘可知，當時晉祠內奉祀的是唐叔虞，並不是聖母；

（二）古建築調查確定，現存聖母殿建築始建於宋太宗時期；

（三）宋真宗汾陰（今山西萬榮）祀後土時期，曾下令修葺晉祠；

（四）宋仁宗天聖年間（1023-1031），封唐叔虞為汾東王。金人推測晉祠原本坐北朝南，天聖年間封唐叔虞為汾東王時，在其西加建聖母殿。明清以來多沿襲此說，均屬後人推測，並

無直接文獻依據；

（五）慶曆五年（1053）韓琦知并州（今山西太原）時有《晉祠魚池》詩，有「女郎祠下池，清瑩薄山腳」的句子，這是目前可以確知的聖母殿（女郎祠）出現時間的下限；

（六）熙寧年間（1068-1077），宋神宗封晉祠聖母為昭濟聖母。崇寧年間（1102-1106）改聖母祠為慈濟廟，政和年間（1111-1117）聖母封號又加兩字，尊為「顯靈昭濟聖母」。

（七）明人羅洪先有《無題》詩云：「懸甕山中一脈清，龍蟠虎伏隱真明。水飄火劫山移步，五十年來帝母臨。」今人或據詩末句推測，晉祠聖母乃冒認宋仁宗為己子、天聖年間（1023-1031）垂簾聽政的章獻太后劉娥。

聖母殿始建時間尚無定論，學術界仍以沿襲天聖舊說為主流。但天聖年間並沒有重修晉祠，此時章獻太后劉娥尚在世，聖母殿中的聖母塑像也絲毫看不出帝后氣象，「天聖聖母說」缺乏依據。大中祥符四年（1011）宋真宗曾下詔修葺晉祠，這時建聖母殿應是一個合適的契機。人類學教授張亞輝在其專著《水德配天》中提出：「可能正是在這次重修過程中，將聖母塑入了新殿，而將唐叔虞移了出去。」

我對人類學研究始終抱有一種敬佩之情──明明可以靠講故事吃飯，偏偏要玩理論構建。《水德配天》要討論的是晉祠的宇宙觀、水與土互動的框架等終極問題，這在史學工作者看來多少有些古怪。不過，他們的研究對象具體而微，往往是一個村莊或一座祠廟，用豐富的田野材料構建起史書上未曾記

聖母殿的顯靈昭濟聖母匾額

聖母殿中的聖母形象

述的故事。這部專著講述的聖母殿故事驚心動魄，雖然從歷史研究的標準來看稍顯證據不足，但這些故事卻符合歷史無常及世態人情的邏輯。

宋太祖、宋太宗三下河東，宋太宗圍攻晉陽，北漢主劉繼元和名將劉繼業（楊業）降宋。但晉陽百姓仍拚死抵抗，沒有武器，便在屋頂揭瓦砸向宋軍。宋太宗既惱怒晉人的頑抗，又忌憚晉陽的龍興之運，於是火燒和水淹晉陽城，將晉陽百姓遷至平晉城。宋太宗的暴虐激起晉陽民眾的憤恨，他們燒毀宋太宗建的統平寺，寧肯流落他鄉，也不願遷居平晉城。甚至有人鑿平了宋太宗的《新修晉祠碑銘並序碑》，有人認為今天晉祠的唐太宗御碑就是鑿平宋太宗碑後重刻的。晉陽民眾還為北漢主劉氏建起劉王廟，這不是對北漢政權的愚忠，而是晉陽城無數冤魂最後的抗議。

想像一下當時晉陽城冤魂遍野、鬼祟叢生的情形，就不難理解熱衷於東封西祀的宋真宗為安撫民眾可能採取的行動。張亞輝提出，作為晉源水神的晉祠聖母，本來護佑着這一方的風調雨順，這時卻成了水淹晉陽被利用的棋子。宋代政治史有一個神魔版本，宋太祖本是霹靂大仙登上帝位，後來玉皇大帝派來一位黑煞將軍，命太祖兄終弟及傳位太宗。到宋真宗時，又認人皇九人之一趙玄朗為聖祖。從神仙視角看，宋太宗水淹晉陽，意味着晉源水神對民眾的瀆職與背叛。災難發生後，水神聖母悲痛不已，每次遊神還在九龍廟與劉王廟舉行表達歉意的儀式——那兩座祠廟是晉陽城殘餘的象徵。聖母又是生育

之神，為水中冤魂超度轉生也是她的工作職責。聖母雖然飽受怨恨，還是忍辱負重做着補救工作。宋真宗可能洞悉父輩所有的陰謀、殘暴、荒淫，他的夢中既然有神仙不斷出現，妖魔鬼怪想必也從未消停。或許贖罪才是宋真宗皇帝生涯的重點，或許在前往汾陰祭祀後土的途中他曾夢見晉陽冤魂或晉水女神，或許為了讓女神更好地開展心理干預工作，宋真宗下令將晉祠改造為聖母殿。晉陽的工匠們把聖母塑造得特別拘謹，那是因為在他們的想像中女神深受怨恨而滿心愧疚與惶恐吧！

這便是史學工作者轉述人類學研究而重新改編的晉祠故事。信不信由你，反正我是信了。

970　攻南漢

971　平南漢

972　禁釋道私習天文地理

973　殿試為常式

　　　封趙光義為晉王

974　伐江南

975　平江南

976　攻北漢

　　　宋太祖去世，趙光義繼位，是為宋太宗。

977　葬宋太祖於永昌陵

978　漳泉陳洪進、吳越錢俶納土歸宋。

979　滅北漢，全國基本完成統一。

　　　發動高粱河之戰攻遼

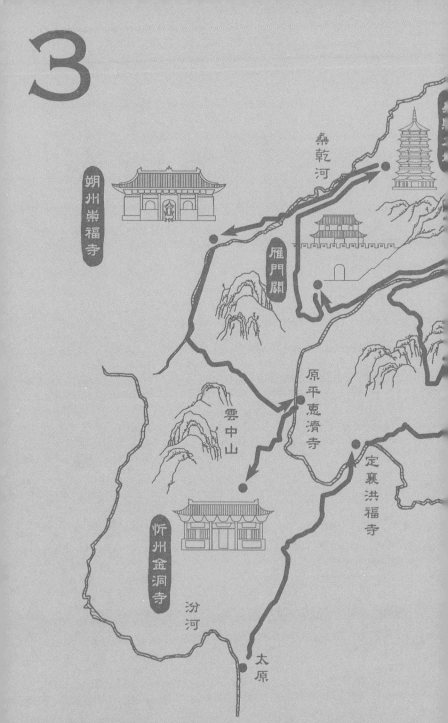

朔州崇福寺

桑乾河

雁門關

原平惠濟寺

雲中山

定襄洪福寺

忻州金洞寺

汾河

太原

山西行程：太原、定襄洪福寺、忻州五台山、繁峙岩山寺、代縣雁門關、應縣木塔、朔州崇福寺、原平惠濟寺、忻州金洞寺。

恆
山

五台山

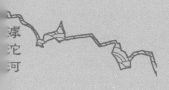

滹沱河

此地空餘楊家將：代縣雁門關

代縣尋宋的主要目標是代縣的雁門關，但一路所見多為元明以後的文物，而代縣這個地方，它的輝煌歷史更在宋代以前。

《水滸傳》中，魯提轄拳打鎮關西之後，先逃亡至代縣，「入得城來，見這市井熱鬧，人煙輳集，車馬駢馳，一百二十行經商買賣，諸物行貨都有，端的整齊」。2015 年 10 月 20 日，我與老沈離開五台山，下午將近三時抵達代縣。當時天色陰沉，登上號稱「長城第一樓」的邊靖樓（建於明代，全國重點文物保護單位），只見暮日掩映在雲霧之間，猶如一顆蛋黃。

傍晚，我們趕往縣政府大院參觀圓果寺阿育王塔（建於元代，全國重點文物保護單位），並順訪毛澤東路居紀念館，1948 年毛澤東由陝北東進西柏坡路經代縣時曾在此停留。第二天一早原打算先參觀代縣文廟（建於明代，全國重點文物保護單位），不知為何大門緊鎖。本來應該由代縣直接上雁門關，但前一天趙世瑜教授在微信朋友圈提醒，縣城東北二十公里的鹿蹄澗村有楊業後裔聚居的楊忠武祠，而之前被導航誤導錯過的繁峙岩山寺更在縣東八十公里。於是，我們臨時增加了兩處行程，可在參觀楊忠武祠途中又發現附近有一個楊七郎陵園，結果又加了一處行程。

那天我們瘋狂趕路，從岩山寺折返，行至雁門關景區時才到中午。參觀完雁門關前往應縣途中，我們又流連於各個時代的長城遺址、新舊廣武城遺址以及廣武漢墓群。廣武漢墓群南邊開闊的巨型廣場上兀自豎着漢武帝像。我們衣服單薄，迎着蕭瑟秋風和陰寒暮色，步行穿越這疑似旅遊開發的爛尾工程，感受着雁門關的蕭殺和荒涼。

代縣也算是王興之地。歷代代國在晉陽、大同之間，地名卻被代縣獨佔。先秦的代國與趙國糾纏不清，傳說胡服騎射的趙武靈王最先修築了代縣的前身廣武城。秦置廣武縣，漢高祖劉邦為迎擊匈奴，

親率數十萬軍隊進駐廣武古城，結果在更北的白登山被圍七日。此後，劉邦第四子、代王劉恆稱帝，是為漢文帝，他的孫子漢武帝劉徹為痛擊匈奴，先在馬邑誘敵，後又「發卒萬人治雁門險阻」。馬邑就在今天的朔州市朔城區。10 月 22 日，我們參觀朔州崇福寺金代彌陀殿及塑像、壁畫，而廣武漢墓群是否埋葬着漢武帝時期修築及戍守雁門關的士卒，至今還是不解之謎。此後，北魏崛起於太元二十一年（396），拓跋珪越過雁門關進攻後燕。大業十年（615），隋煬帝被突厥圍困於雁門關，李淵父子因馳援及時而授太原留守，為晉陽起兵揭開了序幕。

代州興起的最後一位王者是突厥後裔、沙陀部的李克用。黃巢攻入長安後，唐廷授一度叛唐的李克用為代州刺史、雁門以北行營節度使，讓他戴罪立功。李克用收復長安，剿滅黃巢，受封晉王後，與黃巢叛將、梁王朱溫反覆爭戰，由此開啟後唐、後晉、後漢、後周、北宋五代帝業。北漢猛將楊業入宋後兵敗陳家谷，則是代地武人風雲的悲壯尾聲。

一、楊業的雁門關

對楊家將史實的考證不計其數。李裕民教授認為，楊業為麟州新秦（今陝西神木）人，可能出生於後唐清泰元年（934）。他的父親楊信是麟州的豪強地主，後漢時投靠皇弟劉崇，被任為麟州刺史。楊業原名楊重貴，十四歲時，劉崇的次子劉承鈞收他為養子，改名劉繼業。後周取代後漢，楊信以麟州刺史投周。劉崇在太原稱帝建立北漢，楊業（劉繼業）為其效力，父子互在敵國。楊信死後，接任麟州刺史的次子楊重勳

也投靠北漢。北漢滅亡以前，楊業的主要對手是後周與北宋，「楊無敵」的名號正是在對宋戰爭中形成的，抗遼則是楊業降宋之後的事業。傳說中，楊業的妻子余太君的原型出自党項族折氏家族，折氏倒是與西夏、契丹結為死敵，堅定地站在後周、北宋一邊。

北漢滅亡、楊業降宋後，宋太宗本想一鼓作氣收復燕雲，結果在高梁河大敗，狼狽逃亡。契丹從河北、河東（山西）兩線反撲，鎮守太原的潘美難以支撐局面，宋太宗這才起用「老於邊事，洞曉敵情」的楊業。楊業從此開始了他的抗遼事業。短短月餘時間，楊業在對遼邊境修築了一系列軍寨，包括大石寨（在今山西應縣）、茹越寨（在今山西繁峙）、胡峪寨（在今山西代縣）、西陘寨（在今山西代縣）、崞寨（在今山西原平）、陽武寨（在今山西代縣），此後又在代州修築了樓板寨、土蹬寨、石硍寨與雁門寨。

這些軍寨中，西陘寨與雁門寨就是西陘關與東陘關，兩者共同構成了宋代的雁門關。楊業抗遼的兩次主要戰役，一次是出西陘關大顯神威，另一次則遭監軍王侁及主帥潘美設計，出東陘關攻寰州不成，兵敗陳家谷。

二、陳家谷在哪裏

山西的東西兩側是太行山與呂梁山，中間夾着數個盆地。離開太原盆地北上，先有五台山與雲中山之間的忻定盆地，再越過雁門關，就是恆山（雁門山）與洪濤山之間的大同

盆地。後晉割讓給契丹的燕雲十六州，其中河東四州都在大同盆地，即雲州（今山西大同）、應州（今山西應縣）、寰州（今山西朔州朔城區）、朔州。雁門關退可扼守關口，抵禦契丹進犯太原，進可出兵北上，進入大同盆地，收復河東四州，在北宋至關重要。

我和老沈先在太原盆地參觀了晉祠，經定襄縣上五台山，在忻定盆地尋找繁峙縣岩山寺宋代壁畫，然後北出雁門關，經新、舊廣武城進入應縣、朔州，再折返太原。如果在宋代，我們北出雁門關便已進入遼國地界，著名的應縣木塔（佛宮寺釋迦塔）就是遼國所建。

晉北之行隨處可見楊家將的身影，明清的邊靖樓上就有楊業的塑像，但真正意義上的楊業遺蹟幾乎無處可尋。今天的雁門關景區就在宋代東陘關的位置，雁門關關樓雄偉壯觀，當得起「天下第一關」的稱號。進入景區的公路上豎立着以楊業、佘太君為首的楊家將群像，景區內也有楊業的忠武堂、潘美的武惠堂、張齊賢（繼楊業之後知代州）的文定堂，但景區內建築均為明代重建。

太平興國五年（980），楊業大顯神威的雁門關之戰，史書中有不同的記載。一種說法是潘美堅守太原不出，讓楊業獨自以五千兵力對抗十萬遼軍，遼軍從新廣武城谷口經後腰鋪村往東陘關進發，楊業自西陘關出新廣武城迂迴至舊廣武城，從遼軍後方包抄突襲成功。另一種記載稱當時潘美正在東陘關迎戰，命楊業從後方包抄，最後潘楊兩人合擊，「敵眾大敗」。

邊靖樓

雁門關樓

尋宋：讀史訪古十萬里

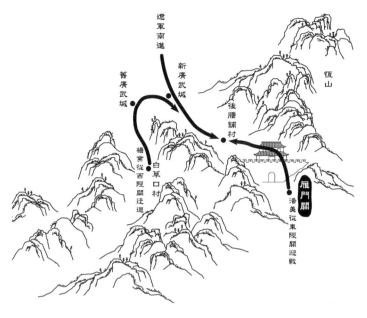

這一帶是代州境內古長城遺蹟最多的地方，然而哪一處是宋代遺蹟已無從分辨。此處也沒有紀念楊業的任何設施，舊廣武城與廣武漢墓之間，空曠的廣場上倒是豎着漢武帝的巨型塑像。

　　尋訪楊業抗遼戰場的關鍵是尋找楊業當年兵敗被俘的陳家谷口，但這是不可能完成的任務。雍熙三年（986），宋太宗兵發三路北伐，潘美、楊業率西路軍出雁門關，試圖收復雲、應、寰、朔四州。結果東路軍戰敗，宋太宗命中西兩路宋軍主動撤退，同時要求西路軍掩護四州民眾南徙。乘宋軍撤退，遼軍重新佔據寰州。這時關於如何掩護四州民眾南徙，楊業與監軍王侁發生了衝突。楊業主張先通知各州民眾出城，然

後出兵阻拒遼軍。王侁則要求楊業北出雁門關重新攻佔寰州。楊業明知必敗，卻不能抗命，只能誓言「當先死於敵」，「以報國恩」，唯請潘美引兵埋伏陳家谷，以便撤軍時相援，免遭全軍覆沒，「不然無遺類矣」。後面的故事人們耳熟能詳，只是陳家谷究竟在哪裏，至今成謎。

歷史地理學者、央視紀錄片攝製組、民間的楊家將粉絲，都曾在朔州西南一帶尋找陳家谷口。據《遼史》記載，楊業被俘於狼牙村。今朔州西南十餘公里處有狼兒村，尋訪陳家谷時，往往會認定此即狼牙村，湊巧附近數公里外又有陳家窰，或認為這裏就是陳家谷。但是，這裏並沒有山谷，楊業不可能讓潘美在此處「張步兵強弩為左右翼以援」。陳家谷適合伏兵襲擊，只能在狼兒村更南的恢河源頭所在的山谷中，此處地形迅速由寬收窄，谷中又有王侁觀戰的托邏台。

不過，陳家谷的具體位置仍有兩說。一說是距狼兒村三十餘公里的陳家溝，此處深入險要，但已經戰敗的楊業似乎無力奔逃至此。另一說則是剛剛進入谷口的陽方口鎮，其地形位置完全符合谷口埋伏的條件，只是地名相去甚遠。就地理形勢而言，楊業自東陘關出新廣武城往寰州進發，可能在廣武新城附近就遭遇遼軍，一路向西往陳家谷口奔逃。結果潘美違約，楊業「捬膺大慟，再率帳下士力戰」，仍有可能且戰且退至狼牙村被俘，當然這也不過是依據文獻及地理形勢的推測。今天已無從尋找當年楊業戰鬥的任何痕跡，只有楊家將的傳說遍佈這裏的每一個村莊。

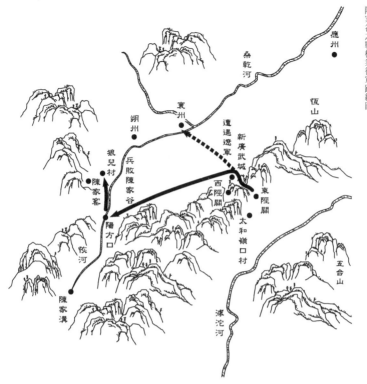

三、代縣楊家將之旅

我們無暇顧及楊業兵敗的陳家谷，卻沒有錯過楊忠武祠及楊七郎廟。這是 2015 年的重陽節，鹿蹄澗村的楊忠武祠橫幅高懸，村內熱熱鬧鬧，村裏的女人們正在準備重陽節的祭祀活動。楊忠武祠其實是奉楊業為祖先的楊氏宗祠，據稱始建於元代。整個村子彌漫着濃厚的民間楊家將文化氛圍。楊忠武祠保存着一通元代天曆二年（1329）的《題世將楊族祠堂碑》，

記載着楊氏族人與楊業的關係。日本學者松浦智子研究發現，碑中楊業的父親叫楊袞，不同於歷史上的楊信，楊業之子有平、定、光、輝、昭、朗、興、玉等八人，不同於歷史上的延玉、延浦、延訓、延瓌、延貴、延昭（延朗）、延彬，可能是從元代戲曲《八大王開詔救忠臣》中抄來的。碑文還稱楊文廣的孫子是岳飛的部將楊再興，但楊再興是湖南臨岡人，只有清代小說《說岳全傳》中才有他是楊業後裔的說法。因此，在《「楊家將」故事形成史資料考——以山西楊忠武祠的文物資料為線索》這篇論文中，松浦智子指出，鹿蹄澗村楊氏宗族追認的祖先楊業屬於「通俗文藝系列的記錄」，表現的是南宋以來楊家將故事在民間傳播的歷程，與歷史上的楊業沒有必然的關聯。

離開楊忠武祠，路邊出現「楊七郎廟」的大幅路標，我們忍不住循着指示往不遠處的東留屬村尋訪。在一處農家院落內，我們找到了台胞於 2003 年修建的楊七郎廟，廟內還有楊七郎墓。墓側有清代乾隆年間（1736-1795）立、嘉慶年間（1796-1820）重修的石碑，上書「宋贈武勇將軍延興楊公神墓」。如果不糾結歷史和傳說，在這裏倒可以享受一下難得的秋景。這個農家院落被濕潤的五彩秋葉包裹着，靜謐自在，令人心醉。

從繁峙縣岩山寺折返，趕到雁門關景區，上山的車道上，連續不斷的髮夾彎讓我們真切感受到雁門關的險要。煙雨中的雁門關尤顯雄奇，我們駛離雁門關時，懸崖邊的山路上穿

鹿蹄澗村村口

鹿蹄澗村的楊忠武祠

過一片雨雲，一時能見度幾乎為零。下雁門關路經新廣武城，我們又趕往廣武漢墓，漢墓南巨型廣場上有漢武帝塑像，再南便是舊廣武城。這個行程就是楊業雁門關大捷路線的逆行，一路上殘垣斷壁隨處可見，分不清漢、唐、宋、明，也分不清是軍寨、古堡還是長城。隨後幾日我們前往應縣參觀木塔，往朔州參觀崇福寺，再返回忻定盆地繼續尋訪宋代古建築。

未能尋訪陳家谷與西陘關實乃此行最大遺憾。返程時，我們從高速公路翻越雁門山，行至白草口隧道時，忍不住在應急車道上逗留瞭望。在我們的面前，右邊（西側）山谷中便是白草口村，宋代西陘關的所在，左邊（東側）險峰之巔則可以望見長城垣壁。此情此景，也算是與楊業有了一面之緣。

在白草口抬眼望險峰長城之時，腦海中浮現起幼時玩耍洋片的情形。記得自己迷戀過一套尺寸特別狹長的洋片，其中就有身穿鎧冑、橫刀立馬的白鬚楊令公形象。忘了從連環畫還是電視劇中知道奸臣潘仁美謀害忠臣楊業的故事，後來知識漸長，才知道楊家將傳說全是虛構。然而代縣的楊家將之旅，源自通俗文藝的楊忠武祠以及略顯荒誕的楊七郎廟，好像比威鎮雁門關、血灑陳家谷的楊業更加真實確鑿。

東留屬村楊七郎廟內的楊七郎墓

東留屬村楊七郎廟及所在農家庭院

煙雨雁門

新廣武城一帶長城遺址

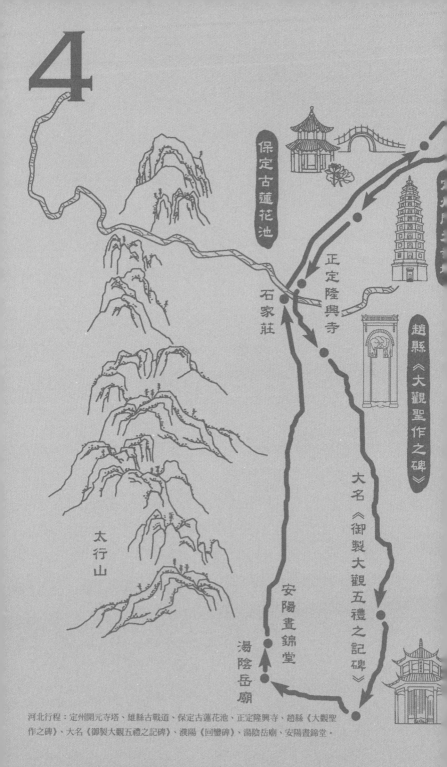

保定古蓮花池

正定隆興寺

石家莊

趙縣《大觀聖作之碑》

大名《御製大觀五禮之記碑》

太行山

安陽晝錦堂

湯陰岳廟

河北行程：定州開元寺塔、雄縣古戰道、保定古蓮花池、正定隆興寺、趙縣《大觀聖作之碑》、大名《御製大觀五禮之記碑》、濮陽《回鑾碑》、湯陰岳廟、安陽晝錦堂。

雄縣古戰道

滹沱河

宋遼邊境諜影…定州開元寺塔

2015 年 9 月的河北、河南尋宋之旅，我們走過十二座城市，尋訪了十二處宋代遺蹟。

第一站定州，開元寺塔是我們尋訪的重要目標。除了開元寺塔，定州還有兩位北宋名臣留下的重要文物。蘇軾在宋哲宗親政後被趕出朝廷，在定州留下雪浪石盆銘及「東坡雙槐」。雪浪石盆銘為蘇軾偶得，黑質白脈，中涵水紋，蘇軾置石於盆，又刻銘於盆唇，有「異哉駁石雪浪翻，中心乃有此理存」之句。此後盆石埋沒，至明代重現，清代康熙年間（1662-1722）移入眾春園。眾春園最早是宋太宗之時真定路都總管李昭亮所建，慶曆新政失敗後韓琦出知定州時擴建，取「與民同樂、偕眾同春」之意名為「眾春」，並撰《眾春園記》刻石。今園已毀，石碑仍存定州石刻館。我們在定州未及尋訪韓、蘇二公的石刻遺蹟，開元寺塔也不許攀登，無緣欣賞塔內眾多碑銘題刻。

定州在先秦及西漢都是中山國都城，十六國時一度成為慕容垂後燕的國都。定州周邊曾出土多位西漢中山王的墓葬，我們在保定參觀的滿城漢墓，墓主就是第一代中山（靖）王劉勝。定州在唐代是抵禦突厥的前線，晚唐屬義武節度使，五代、北宋則是接遼邊境，因此戰爭長期困擾着這座城市。

一、天下根本在鎮定

宋朝的開篇陳橋兵變還有一個引子，就是鎮州和定州的情報系統好像出了甚麼問題。建隆元年（960）農曆元旦，後周朝廷得到鎮定兩州報告，稱契丹即將聯合北漢大舉進犯，於是派殿前都點檢趙匡胤北上禦敵。鎮州即今正定縣，鎮定兩州

距開封八百餘里，但趙匡胤的軍隊並沒有抵達邊境，大軍在距離開封城三十里的陳橋驛過了一夜便折返了。此後改朝換代順利進行，將要進犯北境的遼漢聯軍則蹤影全無。

今天的北京唐宋時稱為幽州。後晉石敬瑭將幽州割讓給契丹，導致河北無險可守。宋遼邊界雖在白溝河（今河北保定高碑店有白溝鎮），似乎霸州、雄州（今河北雄縣）、保州（今河北保定）才是邊境城市，但華北平原一馬平川，契丹騎兵可以隨時抵達鎮定城下。因此鎮定兩州軍事意義重大，當時號稱「天下根本在河北，河北根本在鎮定」。

太平興國四年（979），宋太宗趙光義御駕親征，消滅北漢之後，轉而攻遼，企圖一舉奪取幽州。宋遼雙方在高梁河交戰，宋軍大敗，宋太宗中箭逃亡。《遼史》記載，「宋主僅以身免，至涿州，竊乘驢車遁去」。涿州仍在遼境，遼軍的追擊至此而止，宋太宗並未停下逃跑步伐，繼續奔馳數百里，至定州才驚魂甫定。

2015 年 5 月，在北京開會的間際，我獨自在西直門外尋找高梁河故地。高梁河就是流經北京動物園的長河，保留至今的高梁橋（建於清代，北京西城區文物保護單位）、高梁橋路、高梁橋斜街等地名，仍能勾連起某種歷史記憶。不過，今天這裏車水馬龍，是地鐵、高架橋、西環廣場的凱德 Mall 匯成的現代都市景象。

皇祐五年（1053），邊境重鎮定州迎來了第三十六位知州宋祁。定州之前的長官都是武人，宋祁與他的前任韓琦開創了

北京高梁橋路

北京南長河

宋朝歷史上文官知定州的先河。韓琦曾是西北戰場的統帥，宋祁則是翰林學士出身，沒有任何軍事經驗。雖然《澶淵之盟》簽訂以後宋遼邊境長期和平，但定州畢竟是邊境重鎮，數萬禁軍駐紮於此，時年五十六歲的宋祁感到壓力巨大，「早夜震惶」。於是，他上了一道箚子，引用「天下根本在河北，河北根本在鎮定」的俗語，強調鎮定兩州「扼衝要，為國門戶」，並提出一系列加強軍備的建議。然而承平日久，文人知州，定州的軍備還是無可挽回地衰落了。元祐八年（1093），高太后去世，宋哲宗親政，宋朝政局再次面臨變局。這一年，端明殿學士兼翰林侍讀學士蘇軾請求離京出知「重難邊郡」。蘇軾抵達定州時，看到軍政廢弛，衛卒驕惰，廩賜被大肆侵吞，文官對軍士也無可奈何。蘇軾着力整頓，整治軍庫，禁止飲博。他視察時發現「營房大段損壞，不庇風雨」，「椽柱腐爛，大半無瓦」，士兵的生活，「一床一灶之外，轉動不得」，「妻子凍餒，十有五六」，然而蘇軾無錢繕修，不得不向朝廷請求支賜一批僧人空名度牒以籌措經費。蘇軾知定州不過十一個月，所上奏章多為整飭兵備的建議和請求。他為規範春季閱兵儀式，差點參劾老將王光祖。從蘇軾的百般補救，也可以看出定州軍備的弛懈已是積重難返了。

二、料敵塔，宋築以望契丹者

宋代定州的歷史可以分為《澶淵之盟》簽訂前後兩個階段，長官也隨之分為文武兩種類型。開元寺塔內豐富的文字資

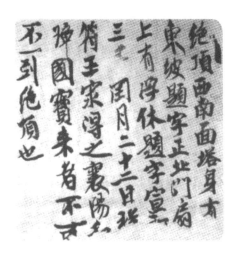

料也分兩種：一是當地軍民的佛教結社碑刻，二是文人的登塔題記。

蘇軾在定州將近一年，留下了二三十篇詩文，從未提及開元寺塔，開元寺塔內外也沒有留下蘇軾的題記。這難免讓後人感到困惑，一代文豪蘇軾竟然從未曾登臨過開元寺塔。1995至2001年間開元寺塔大修，工作人員在塔內三至四層踏道拱券西側王家題記中發現「東坡」兩字。題記頗像一則旅遊引導，提醒各位遊客登頂去參觀蘇軾的墨跡：

> 絕頂西南面塔身有東坡題字。正北門扇上有浮休題字。宣和三年閏月二十二日。祥符王家得之，襄陽□璋國寶。來者不可不一到絕頂也。

但今天登上十一層塔頂找不到任何蘇軾題字。倒不是王家的題記有誤，《燕山叢錄》記載料敵塔原本「高十三級」，塔的最高兩層今天已經消失了。

定州開元寺塔

明人徐昌祚的《燕山叢錄》不僅記載定州開元寺塔「高十三級」，而且直言「塔名料敵塔」，修塔的目的是「望契丹」，即偵察北境敵情。開元寺塔高八十餘米，號稱《中國最高磚塔》，地處軍事重鎮，用於偵察敵情理所當然。但《燕山叢錄》是明人作品，現存宋遼金文獻中未見「料敵塔」說法，開元寺塔的功能是否專為「料敵」，恐怕難有定論。或認為這塔是由僧人主持修造，經費多向民間籌措，似非官方軍事工程。但宋代皇帝、將領善用僧人刺探情報，修塔僧人會能（一說為令能）曾「奉聖旨西天取經回」而「得舍利子」，又盡伐嘉山之木修成寶塔，很難說整個過程不是宋朝情報系統的傑作。

開元寺塔始修與修成的時間也有爭議。開元寺塔內壁所刻《佛說金剛壽命修塔陀羅尼經》記載始修時間是咸平四年（1001），但宋祁《開元寺塔偶成題十韻》自注始修於至道元年（995），修成於至和二年（1055），歷時六十年，因此詩曰：「雄成寶塔新，經營一甲子。」也有學者認為修成時間是宋真宗去世的乾興元年（1022）。無論如何，開元寺塔始修於《澶淵之盟》簽訂之前，當時戰爭頻仍，專為料敵修塔也合乎情理，但修成之時宋遼已達成和平盟約，「料敵塔」便成了文人登覽的景觀。

三、老母在蕃中一十八年

今天的開元寺塔孤零零地聳立在定州市倉門口街一處文管所的院子裏。寶塔所屬開元寺最早是北魏太和年間（477-

499）興建的七帝寺，隋代開皇年間（581-600）更名為正解寺。唐玄宗開元年間（713-741）將各地「定形勝觀寺，改以開元為額」，從此開元寺遍佈全國。清代道光年間（1821-1850）開元寺已經毀壞，2014年當地奠基重建，我和老沈尋訪之時尚未竣工。

開元寺塔是第一批國家重點文物保護單位，1980年代已十分破敗。維修工程自1988年開始，2004年完工，歷時十五年之久，此後限制性對遊客開放。現存寶塔為八面十一級，白牆紅欄，挺拔宏偉，通透瑩潔，別具風格。

由於限制性開放，普通遊客無緣尋訪塔內眾多文字資料。不過，文字資料早經當地文物及史學工作者系統整理、研究，除文人題記外，多為北宋軍民佛教結社碑銘。今天閱讀這些文字，會覺得「燕趙古稱多感慨悲歌之士」只是長期戰爭的副產品。北宋時定州僅禁軍就有一萬至二萬餘人，塔內碑刻不但可以找到山南東道節度使王顯、天平軍節度使王超的名字，更有從指揮使、軍使、兵馬使到長行、節級、普通士卒等兩千七百九十五位軍人的姓名。定州民眾過着邊境城市特有的軍事化生活，土地多為軍方屯田，不少人成為雙方的諜報人員。定州有些地方還屬於「兩屬地」，這裏的民眾需要同時向宋遼兩國繳納賦稅或服差役。

戰爭製造了許多悲歡離合、生死無常的故事。定州北僅三十公里的唐縣是傳說中唐堯的封地。北宋時，唐縣趙母鄉誠諫村有個叫劉希遘的人，他的母親在契丹人的劫掠中被擄走。

劉希遵在佛祖面前發願，如果今生還能見到慈母，願燒磚一萬口於舍利塔上。祈禱十八年後，劉希遵從遼國接回母親。此時恰逢開元寺塔修建，劉希遵先捐錢燒一萬塊磚，然後召集千人結邑社，每人每年向開元寺施錢一萬兩千文。如果今天有幸登塔，仍能在塔內第三層的碑刻中讀到這段往事及結社千人的姓名，感受歷史中普通人的情感與信仰的力量。

戰爭在定州留下了深刻的烙印。我們尋訪料敵塔時，正值中國抗日戰爭勝利七十週年。文管所的院子除了散落的開元寺塔文物，還有一件日軍侵華的鐵證「建設東亞新秩序紀念塔」，須彌座上刻着「定縣全縣紳商代表」為日軍歌功頌德的銘文，這背後又不知是多少的無常與心酸。

987　夏州李繼遷敗宋軍於夏州

988　宋遼交戰

989　宋遼交戰，李繼遷朝貢契丹。

990　遼封李繼遷為夏國王

991　李繼遷歸宋，復降遼。

992　趙普去世

993　王小波起事

994　李順據成都

995　宋遼交戰

　　　立趙恆為太子

996　討李繼遷

997　宋太宗去世，趙恆繼位，是為宋真宗。

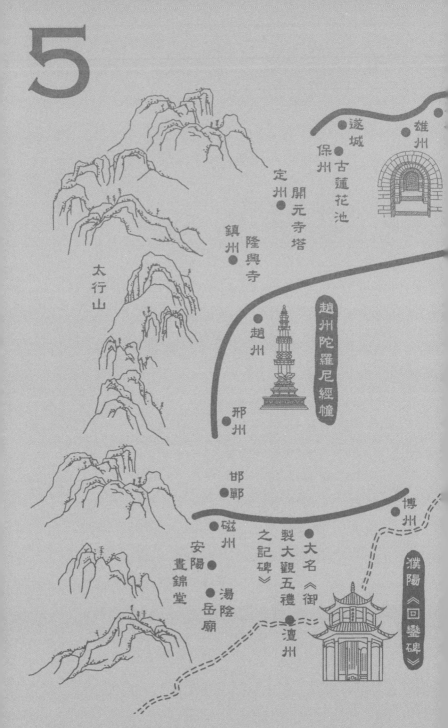

5

遂城
保州 古蓮花池
雄州
定州 開元寺塔
鎮州 隆興寺
太行山
趙州陀羅尼經幢
趙州
邢州
邯鄲
博州
磁州
安陽 畫錦堂
湯陰 岳廟
大名《御製大觀五禮之記碑》
澶州
濮陽《回鑾碑》

宋拒遼三道國防線及河北宋代文物遺址分佈圖

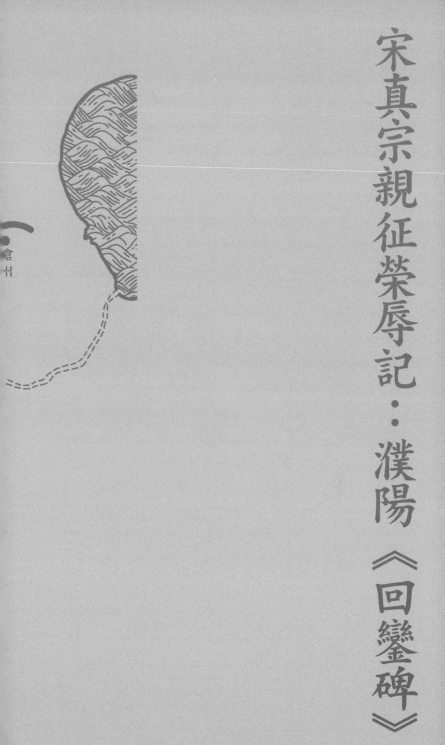

宋真宗親征榮辱記：濮陽《回鑾碑》

我們在冀豫兩省的尋宋之旅超過了一千三百公里。行程自北而南，經過雄縣、保定、清苑、定州、正定、石家莊、趙縣、邯鄲、大名、安陽、湯陰、濮陽等十二個縣市，走訪了從遠古至近代的三十七處文物遺蹟。這裏有五帝三代時期的顓頊玄宮、殷墟、羑里文王演卦處，有戰國中山王陵、漢代中山王陵、曹操高陵，有儒家的子路祠，佛教的隆興寺、柏林寺，有近代的陸軍軍官學校與袁世凱大總統墓。宋代的內容，則有定州開元寺塔、趙州陀羅尼經幢、大名《御製大觀五禮之記碑》、湯陰岳廟、安陽晝錦堂等遺蹟十二種。我是浙江人，如果穿越到三千年前，北上的越國人僅憑這次旅行也要臣服於中原文化。但在當時，太多懷古之情不知如何安放，竟會產生某種旅遊的虛無感。我在想，行萬里路，真的能比讀萬卷書更真切地體驗歷史嗎？如果尋宋之旅不是為史書作註腳，又將構建怎樣不同的宋史敘述？

這次行程的最南端是濮陽，濮陽就是宋代的澶州。一千多年前，黃河在此穿流而過。遼軍南侵沒有能越過澶州，景德元年（1004），宋遼君主誓約休戰，史稱《澶淵之盟》。今天某部中國戰爭史所繪《宋拒遼三道國防線圖》中，宋朝的第一道國防線跨越太行山，由河北的霸州—雄州（縣）—遂城與山西的平型關—雁門關—寧武關共同構成；第二道、第三道國防線壓縮在河北，分別為邢州（今河北邢台）—趙州（今河北趙縣）—滄州一線、磁州（今河北磁縣）—大名—博州（今山東聊城）一線。遼軍突破了這三道國防線，便可抵達冬季結冰的黃河岸邊，兵臨澶州。開封距此不過兩百餘里。我們在雄州、趙州、大名、濮陽尋宋，是不折不扣的宋朝國防線之旅。不過，今天能看到的宋遼戰爭遺蹟，也只有雄州古戰道與濮陽回鑾碑。

一、雄州古戰道

雄州古地道在地下藏了一千多年，因為洪水得以重見天日。二十世紀九十年代，雄縣建成宋遼古戰道公園。多數專家相信古戰道是宋遼戰爭的遺物，但具體功能眾說紛紜。

我們從定州開元寺塔趕到雄縣將台路時已經是下午四時。這裏是當地的建材市場，密佈着銷售木門、吊頂、瓷磚之類的門店。喧囂鬧市的中間，有一處石獅守衛的仿古城門建築，門口豎着「宋遼邊關地道」國保碑，城門上題有「宋遼古戰道」的燙金大字。進入景區，面前是一片綠地，東北各建有涼亭作為地道的出入口。與抗戰時期的冉莊地道相比，磚構的雄縣古地道尤顯規整壯闊。地道內安裝着照明設施，各處還擺放着「迷魂洞」、「藏兵洞」、「放燈處」、「休息處」之類的標識牌。景區也張貼着古地道的圖文說明，說雄州與霸州地道相通，延綿達六十公里，又說古戰道乃楊家將第二代戰神楊六郎（楊延昭）所建。

與河北宋遼邊關地道相關的考古報告、研究論文、新聞報道很多，甚至專門召開過學術研討會。綜合各種資料，目前所知古戰道的基本情況如下：

（一）分佈甚廣。河北境內磚構古地道分佈於永清、霸州、雄縣、蠡縣、邯鄲等地，其中永清在《澶淵之盟》簽訂之後屬於遼國，霸州、雄州、蠡縣在宋對遼第一道國防線附近，邯鄲在第二及第三道國防線之間。

（二）史無明載。一般認為河北古地道修築於宋代，但未

雄縣古戰道

古戰道內部

尋宋：讀史訪古十萬里

見當時的任何文字記載。最早記述古戰道的文獻似乎是明清方志，內容多為重新發現古地道的描述，以及對古戰道的種種猜測。

（三）證據可疑。由於缺乏文獻記載，古地道修築於宋代的最可靠證據是地道內發現的遼宋時期瓷器，但並沒有見到相關瓷器的發現、鑑定報告及實物照片。網上也有人發文懷疑瓷器是發掘時有人帶進去的。

（四）時代不確定。多數意見認為，這些古戰道修築於《澶淵之盟》簽訂以前，邯鄲等較南地區的古地道或屬於宋金戰爭的軍事設施。但也有部分學者相信，這些地道不過是元明時期民間富戶的戰爭避難所，並不具備軍事意義。

（五）形態不明確。各地多有考古報告描繪古地道的結構與形制，但散佈多地的古地道難以用作軍事設施。清代方志記載霸州與雄縣的古地道相互連通，據稱這座「地下長城」已經被探測並得到了證實，但未見相關報告公佈。

（六）功能不明確。地道的用途，有用來秘密運輸、偷襲、避難等各種推測。

（七）修築者不明確。一般認為這是宋代軍人修築。根據這一邏輯，永清古戰道或為遼軍所修，邯鄲古地道則可能出自南宋抗金義軍甚至金國抗元軍民之手。

（八）民間傳說與史籍記載不能完全吻合。雄州一帶流傳着楊六郎威鎮三關的故事，地方宣傳也敍述着楊延昭在地道戰大破遼軍的傳說。但楊延昭主要在保州（今河北保定）、莫州

（今屬河北任丘）一帶任職，也曾在遂城（今屬河北保定）等地指揮冰城計、羊山伏擊等著名戰役，修築雄州戰道似乎不屬他的職責範圍。

（九）永清、雄縣等地有古地道旅遊開發的各種嘗試，總體上不算成功。

羅列以上信息，是想說明古戰道的歷史記憶早已模糊不清。我們順訪的冉莊地道戰紀念館是著名的紅色教育基地，宣揚的理念迥異於傳統政治文化。中國古代雖然也有忠烈廟，但少見為戰爭本身樹碑紀念。兵者不祥，是司馬遷開創的戰爭史敍述基調，歷史書寫者往往對戰爭細節採取回避的態度，有人甚至認為古代的戰爭史敍述只是文人的想像。雄縣古戰道的曖昧正是這種戰爭文化的寫照，宋代邊境的戰爭故事只能在民間故事中口口相傳，歷史中軍人的情懷、命運，就像雄州古戰道一樣，被長期壓抑、遮蔽，始終含混不清。

二、濮陽《回鑾碑》

9月10日下午，我們終於抵達這次尋宋的南端濮陽，尋訪據說是《澶淵之盟》唯一史蹟的濮陽《回鑾碑》。《回鑾碑》景區在濮陽御井街與新華街交叉口，屋宇式大門上掛着「回鑾碑」匾額，還掛着「保護歷史文化遺產，弘揚優秀傳統文化，我為老城點讚」的橫幅。景區大門緊鎖，角落裏堆着一摞疑似水泥包的物件，我們沿圍牆繞了一圈，發現景區正在施工整修，張貼着「暫停開放」的通知。我們實在有些不甘心，試

濮陽《回鑾碑》景區門口

景區亭子內的濮陽《回鑾碑》

着去敲大門，幾位施工人員見我們態度急切，同意我們入內參觀。

景區內是兩座亭子，近處亭子內是所謂宋真宗用過的御井，遠處亭子內便是濮陽《回鑾碑》。碑其實有三通，均以玻璃罩保護。中間是原碑，殘損嚴重，左邊石碑是 1978 年當地政府根據拓片製作的複製品，右邊石碑上是民國時期的題詩。《回鑾碑》題刻宋真宋趙恆御詩《契丹出境》，詩云：

我為憂民切，戎車暫省方。徽旗明愛日，利器瑩秋霜。銳旅懷忠節，群胡竄北荒。堅冰消巨浪，輕吹集嘉祥。繼好安邊境，和同樂小康。上天垂助順，回旆躍龍驤。

碑亭前有說明：

此碑立於北宋真宗景德元年（公元 1004 年），是宋遼澶州之戰及澶淵之盟紀念碑，因上鐫宋真宗御撰、宰相寇準書丹的《契丹出境》詩（又稱《回鑾詩》），故稱「契丹出境碑」或「回鑾碑」。

這段文字有兩個知識錯誤，一是《回鑾碑》立碑時間在至和二年（1055），而非景德元年（1004），二是《回鑾碑》為宋真宗御製御題，實非寇準書丹。

2004 年 12 月 3 日至 5 日，北京大學中國古代史研究中心與濮陽市文化局等單位在濮陽聯合舉辦「澶淵之盟一千週年國際學術研討會」。李錫厚教授在會上發表《論「澶淵之盟」非「城下之盟」》一文，對《澶淵之盟》的論述基調有了改變，一直被看作是屈辱和退讓的《澶淵之盟》，被認為是開創太平

之世的契機。濮陽龍文化研究會的郭愛民先生則發表《宋「契丹出境」碑辨疑》一文，指出《回鑾碑》由寇準書丹、立於景德元年的說法出自 1978 年濮陽縣革委會重建碑亭時撰寫的契丹出境碑簡介，並依據《玉海》等史料澄清了濮陽《回鑾碑》的來龍去脈。

《澶淵之盟》達成後，宋真宗在澶州與群臣宴飲賦詩，要求臣僚們唱和，隨行的翰林學士楊億等均有和詩留存。但宋真宗回鑾，並沒有將御詩留在澶州。四十餘年後，即慶曆八年（1048）的一天，宋仁宗趙禎帶着近臣、宗室到龍圖閣、天章閣奉觀父祖宸翰，包括宋太宗的《遊藝集》、宋真宗澶州親征的詩作。七年之後，即至和二年（1055），宋仁宗將宋真宗《回鑾詩》賜給澶州官府保管並刻石收藏，兩年後又命宰相文彥博篆額。今天文彥博篆額已不知所終。可以確定的是，濮陽《回鑾碑》與寇準沒有甚麼關係。

1945 年陳毅奉命從延安赴山東，路過濮陽，作詩《秋過濮陽，月下與人談毛主席飛渝事》，有一句「能擲孤注寇萊好」，寇萊就是寇準（萊國公）。史書中，寇準在澶淵之戰的表現過於戲劇化，他幾乎是逼着宋真宗渡過黃河親征，甚至說他原本不同意議和而堅持收復燕雲，後來范仲淹評價寇準是「左右天子為大忠」。如此說來，濮陽當地應該為寇準塑像紀念，但宋時並沒有出現這樣的事情。宋真宗《回鑾詩》稱「繼好安邊境，和同樂小康」，強調《澶淵之盟》開創太平盛世的意味，然而宋廷也沒有像唐蕃會盟碑那樣為《澶淵之盟》樹

碑，官方史書甚至刻意失載盟約內容（《真宗實錄》未載澶淵誓書）。顯然，宋朝軍民對於《澶淵之盟》是否值得隆重紀念尚存疑問。四十餘年後，宋仁宗命人在濮陽為宋真宗《回鑾詩》刻石立碑，這一舉動，可能是宋仁宗體會到成人的世界裏沒有「容易」兩字，是作為兒子對父親煎熬歲月的私人追懷。

三、保定古蓮花池

保定並不在我們的計劃當中，只是順路探訪，因為這裏似乎沒有重要的宋代遺蹟。清代時保定是直隸省會，民國時保定陸軍軍官學校更確立了保定在中國近代史上的重要地位。軍校畢業生們各自的命運讓人唏噓，校長蔣百里還是我和老沈的

《送皇儀使知保州軍州事曹儼詩碑》

《送李諒移守保塞詩碑》

同鄉。我們在保定住了兩晚，去了各種景點，無意中卻在古蓮花池發現了兩種宋碑。

保定古蓮花池為元代所建，名為雪香園，明代時改名為水鑑公署，清代雍正（1723-1735）時在這裏建蓮池書院，成為直隸全省的教育和研學中心。乾隆（1736-1795）、嘉慶（1796-1820）、光緒時期（1875-1908）又是皇帝行宮，身份顯赫。古蓮花池精致漂亮，將不同時期的歷史遺蹟堆疊起來。1948年，保定解放之後，市政府利用城中寺觀、祠堂、官署的廢棄石料整修古蓮花池，運來的石料當中，就有歷代碑銘。今天這些碑銘被重新整理保護起來，因此古蓮花池也形成了一個小小的碑林。

兩種宋碑，一種是熙寧七年（1074）的《送皇儀使知保州軍州事曹偓詩碑》，另一種是元祐四年（1089）的《送李諒移守保塞詩碑》，內容都是文人送武將往保州就職的送行詩。曹偓是宋初名將曹彬之孫，送行者不詳，為李諒送行的文人包括著名的蔡京。如果說唐朝的邊塞詩體現出文人對建功立業的渴望，這些詩碑只能說明宋朝邊塞將領很在意與士大夫的交往。不過，詩碑原物早已碎為石料，現在所見的是1980年代舊拓複製。這一小段詩碑史也算是跌宕起伏，就當是宋代文治與武功各自命運無常轉換的一個縮影吧！

998 遼耶律休哥去世

999 楊延昭遂城禦遼軍

1000 宋遼交戰

1001 西夏李繼遷陷清遠軍

1002 西夏李繼遷陷靈州

　　　宋遼交戰

1003 宋遼交戰

　　　西夏李繼遷去世，子德明繼位。

1004 宋遼簽訂《澶淵之盟》

6

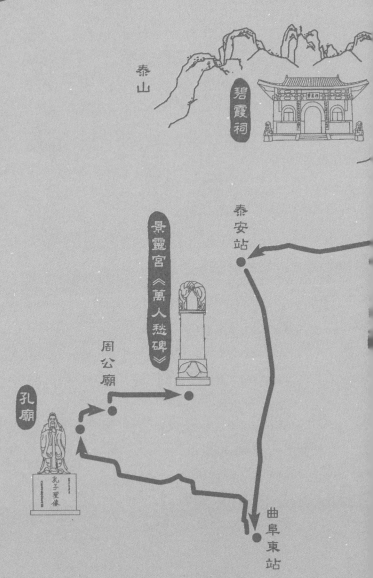

泰安、曲阜行程：泰山碧霞祠、岱廟宋天貺殿、孔廟、周公廟、景靈宮《萬人愁碑》。

宋真宗封禪‥泰山宋摩崖

泰安、曲阜本來是親子遊，主要目的是帶孩子們登泰山巔、拜孔聖廟。登上泰山的 2015 年 7 月 30 日，是小兒七歲的生日，登山紀念章掛上脖子的那一刻，他興奮無比，可在曲阜，孩子的興趣只剩下坐馬車了。

尋宋是這次親子遊的順帶計劃，沒有做足功課。出發之前簡單梳理了兩個目的，傳說岱廟大殿壁畫所繪是宋真宗封禪鹵簿，這次想一看究竟，還有作為東夷族群發源地的曲阜，少昊陵為何與壽丘糾纏不清，也是一直困擾我的問題。結果就忽略了泰山上除了唐摩崖還有宋摩崖，沒注意儒教祖庭孔廟的格局其實是宋真宗封禪之行的副產品，也不了解少昊陵附近還有景靈宮遺址。驚喜與慚愧伴隨着泰安、曲阜之旅，一些新鮮的觀念也由此形成。

從文物遺蹟的角度講，留下歷史記憶最多的北宋皇帝其實是崇道的宋真宗、宋徽宗，他們與開國的太祖、太宗，以及寄託着士大夫政治理想的仁宗、神宗，構成北宋皇帝及歷史書寫的三種類型。宋真宗趙恆這位泰安、曲阜尋宋的絕對主角，他身上的鬧劇小丑形象，只能說是某種文化傲慢與偏見的產物。

一、泰山大觀峰宋摩崖

秦、漢、唐、宋曾在泰山封禪的六位帝皇無不刻石紀功。秦始皇泰山刻石在宋代已殘，後歷盡劫數，只殘存十字存於岱廟。漢武帝、漢光武帝、唐高宗的封禪摩崖早已湮滅，唯唐玄宗李隆基在大觀峰的《紀泰山銘》光彩依舊。唐摩崖高十三米，寬五米，千字銘文雍容莊重，氣勢磅礴，因填塗了金泥，陽光下顯得光彩奪目。在銘文中，唐玄宗對天宣誓，將以

「慈儉謙」治天下，祈求李唐王朝「永保天祿，子孫其承之」。三十年後，安史之亂爆發，不知是否可以理解為上天對唐玄宗沒有履行「慈儉謙」承諾的懲罰。

宋真宗也有過一次封禪大典，之後便再無帝王封禪。據說當時王欽若離間宋真宗與寇準之間的君臣關係，指《澶淵之盟》為城下之盟，令大宋蒙羞，為挽回大宋顏面，提議宋真宗封禪泰山。於是，大中祥符元年（1008）十一月，宋真宗的封禪大典順利進行，在大觀峰觀賞過唐玄宗《紀泰山銘》後，少

泰山唐摩崖

泰山宋摩崖

不得也要刻石紀功。泰山登至大觀峰，唐摩崖往左經青帝宮直抵玉皇頂，往右則少人問津，其實這裏也有不少摩崖，其中以「德星巖」三字最為醒目。這就是宋真宗的泰山銘文，至今保留若干殘字及「德星巖」左上方的篆額「登泰山謝天書述二聖功德之銘」十三個字。「謝天書」是指不久前天書降臨泰山，「二聖」是指宋太祖、宋太宗。封禪的重點是「告太平於天」，《澶淵之盟》雖然奠定宋遼百年和平，但王欽若「城下之盟」的指責大概給宋真宗造成了心理陰影，銘文主要是謝天謝地謝祖宗。

今天泰山宋摩崖已讀不到宋真宗泰山銘全文。明代嘉靖四十三年（1564），泰安知州翟濤與諸僚友同遊泰山，自詡「德星」相聚，磨去宋真宗銘文，重刻「德星巖」三字，每字近一米見方。清代嘉慶八年（1803），泰安知縣舒輅又鑿刻十字詩文，宋真宗銘文至此破壞殆盡。不知飽讀詩書的士大夫為何如此褻瀆前朝君主的封禪銘刻，復刻詩句倒有點意思——「只有天在上，更無山與齊」，這句出自寇準《詠華山》詩，舒輅此舉張冠李戴，難道是為寇準鳴不平？其實宋真宗說要封禪，寇準立即從陝州打報告說想參加，可見他堅決擁護皇帝的神道設教。宋真宗似乎預感到他的泰山銘文會遭人為破壞，又以五塊巨石製成複本立於岱廟，可惜也毀於 1951 年。

二、岱廟宋天貺殿及宋壁畫

我一直好奇岱廟大殿壁畫所繪與宋真宗封禪是否相關，

並不知道大殿上還有宋天貺殿匾額，有些書甚至說這是「宋真宗趙恆賜額」。

岱廟大殿原稱峻極殿。1928 年，時任山東省政府主席的孫良誠下令將岱廟改建為中山公園與中山市場，峻極殿改成人民大會場。第二年，中原大戰爆發，孫良誠被趕走，新任山東省政府主席韓復榘下令修復岱廟，舊官僚趙新儒具體負責。趙新儒掉了個書袋，因為《泰山圖志》、《泰山道里記》等文獻記載，「峻極殿即宋之天貺殿」，便把峻極殿復古為天貺殿，於是有了《岱廟天貺殿啟事》之類的公文，更出現了山東商會會長辛鑄九題寫的宋天貺殿匾額。

但峻極殿與天貺殿毫無關係。清代嘉慶年間（1796-1820），泰安知府金棨在岱廟眾多碑銘中發現《大宋天貺殿碑》，他覺得挺神奇，寫了一篇跋說明碑銘的來歷，不過，這篇文字基本上屬於個人想像。金棨說《大宋天貺殿碑》既然立於宋真宗封禪後不久（1009），是天貺殿竣工之後的產物，那天貺

岱廟宋天貺殿

《東嶽泰山之神重修碑》的碑身與碑首

《東嶽泰山之神重修碑》背面的《大宋天貺殿碑》

殿應該就在立碑處，只是「其遺址不能確指矣」。與他同時代的王昶編了一部《金石萃編》，進一步說，天貺殿既然在立碑處，「豈即所謂峻極殿耶」。

其實，這些人說的完全不對。岱廟中很多碑原本不屬於岱廟。《大宋天貺殿碑》在岱廟眾碑中尤顯矮小粗糙，毫不起眼，告訴你碑在大殿前西側碑林你也未必能找到。這裏有一通明代天順五年（1461）的《東嶽泰山之神重修碑》，沒錯，它的背面就是《大宋天貺殿碑》，沒被磨平已屬幸運。天貺殿碑最初確實立在天貺殿，後來殿毀碑存，碑被當作廢棄石料回收至岱廟。天貺殿在明代早已湮滅，今天通過考古發掘，確認原址就在東嶽大街與奈河交匯的上河橋西南側。這裏又稱醴泉，因為宋真宗封禪之前曾有泉水湧出，泉水邊樹梢上還掛着天書，上書「皇帝崇孝育民壽曆遐歲」十個大字。於是，宋真宗下令在湧泉處蓋靈液亭，在天書降臨處建天書觀。天書觀又名乾元觀，它的主殿即天貺殿。

把岱廟主殿誤認為宋天貺殿還導致另一個誤會，人們把殿中的壁畫也誤認為是宋畫，還把原畫的繪製時間確認為大中祥符二年（1009），甚至煞有其事地說，這幅《泰山神啟蹕回鑾圖》畫的其實是宋真宗東巡泰山的情形。岱廟壁畫雖說氣勢恢宏，形象生動，但比其他宋代寺觀的壁畫遜色許多，而且畫中服飾、建築多呈清代特色，宋畫損毀後清代重繪的說法明顯是遁詞。其實清代康熙十七年（1678）重修岱廟的督工張所存所撰《岱廟履歷紀事》明確記載，壁畫是當時請畫工繪製，只

天書觀遺址

移於岱廟的《醴泉碑》

天貺殿主殿壁畫（局部）

是未記錄這位畫工的名字。1986 年，泰安市大汶口鎮的史志工作者在顏謝村發現一部《全德堂劉氏族譜》。顏謝村劉氏在明末也是世家望族，後來家道中落。譜中記載，清代康熙年間（1662-1722）族中有位以繪畫為生的青年劉志學，「善丹青，泰邑峻極殿壁畫即其所繪」，顯然他就是《泰山神啟蹕回鑾圖》的作者。

三、壽丘與《萬人愁碑》

據說在巴黎和會上，顧維鈞將山東比作東方的耶路撒冷，這一類比，自然是因為山東有曲阜，而曲阜有二孔（孔府、孔廟、孔林）的緣故。其實曲阜的輝煌歷史還在孔聖人之前，傳說人文始祖黃帝軒轅氏就出生在曲阜，又說黃帝的兒子玄囂就是少昊，死後葬在了曲阜。歷史上曲阜最早稱奄，曾經是商朝國都，後來獨立建國。西周初年，周公從陝西打到山東，滅奄國，建魯國，統治山東舊族群。

宋真宗知識廣博，又頗富有想像力。封禪後他巡幸曲阜，除祭孔子外，又重建周公廟，還決定把曲阜的黃帝認作自己的祖宗。回到開封後，他說有神仙給他託夢，神仙名叫九天司命上卿保生天尊，是人皇九兄弟之一，曾三次下凡到人間。第一次下界，人間大概還是蠻荒時期；第二次下凡，神人在電閃雷鳴中投胎於壽丘的一位婦人，生下來的就是軒轅氏黃帝；第三次下凡是後唐時，神人投胎到趙姓人家，取名趙玄朗（就是武財神趙公元帥），這就是趙宋家的祖宗。今天曲阜少昊陵

景區可以見到一座被稱為「中國金字塔」的石構建築，據說這就是宋真宗修築的壽丘（壘石為墳）。宋真宗又在壽丘建景靈宮（太極觀）以供奉祖宗趙玄朗，還把曲阜縣改名為仙源縣，宣揚自己是神仙的後代。因此少昊陵景區稍北，又有景靈宮遺址及仙源縣故城。

宣和年間（1119-1125），宋徽宗曾在曲阜景靈宮立五通巨碑。巨碑高近十六米，相當於六層樓房，站在碑下留影，身高尚不及贔屭下顎，因其體型龐大而稱《萬人愁碑》。這些中國最高的巨碑還來不及刻字，金軍已經攻破開封。現在重新扶立的二通巨碑，其一刻「慶壽」兩巨字，據說是明人費宏的手筆。推倒並砸碎這些巨碑（僕而碎之）的是乾隆十三年（1748）隨清高宗東巡時的某些官員。這就比較奇怪，難道有大臣揣摩聖意，琢磨乾隆皇帝看到這些巨碑會龍顏大怒？

曲阜少昊陵

曲阜少昊陵景區的壽丘

景靈宮遺址的宋代巨碑

尋宋：讀史訪古十萬里

《萬人愁碑》已經足夠懸疑，最詭異的還是少昊陵。宋代以前並無曲阜少昊陵的記載，不知何時有了「少昊葬雲陽」而「雲陽」在曲阜的說法。然後，少昊陵神秘現身。古書翻多了，有時會看出一些古怪來。《萬人愁碑》的來歷眾說紛紜，最奇怪的說法是碑為金人所立，立碑原因是他們冒認少昊金天氏為先祖。黃帝軒轅氏與少昊金天氏都屬於三皇五帝系統，宋金分別追認黃帝與少昊為始祖，宋真宗為祖先修的壽丘與景靈宮被金人毀了，然後少昊陵神秘出現，「後金」的乾隆皇帝巡幸曲阜時，又把宋朝景靈宮的巨碑毀了⋯⋯這不就是漢族與女真的祖先爭奪戰嗎？

四、孔廟與碧霞祠

宋真宗真是一位不受待見的皇帝，東封泰山，巡幸曲阜，結果他的泰山銘文、天貺殿、景靈宮全給毀了。或許儒生們覺得皇帝不應該崇奉道教，所以他們醜化宋真宗不遺餘力。但老實說這非常不公平，畢竟是宋真宗重修了曲阜周公廟，並且奠定了儒教祖庭孔廟今天宏偉的規模與格局。

對照一下歷代平面圖，孔廟至唐代還只是單進庭院，宋代時，今天的主體建築的格局已經形成，後世不過增建了欞星門至同文門的多道牌坊。今天孔廟的奎文閣原名御書樓，始建於天禧年間（1017-1021），最早用於收藏宋太宗御書。主殿原在今天杏壇的位置，天禧年間移建於今址，原名文宣王殿，政和年間（1111-1117）改名為大成殿。寢殿是孔子夫人亓官

氏的專祠，同樣增修於天禧年間。東路建築詩禮堂原為孔子故宅，宋真宗拜謁孔廟時駐蹕於此，並詔令供孔氏族人祭祀時齋居。西路建築也是宋真宗時增建，用於祭祀孔子父母，當時的建築就有啟聖門、毓聖侯殿（祀尼山山神，後重建為金絲堂）、齊國公殿（今啟聖祠，祀孔子父親叔梁紇）、魯國太夫人殿（今啟聖寢殿，祀孔子母親顏徵在）、五賢堂（祀孟子、荀子、揚雄、王通、韓愈五人）等。

　　宋真宗在泰安、曲阜兩地留下了深刻烙印，可儒家精英卻打算將他刻意遺忘，這真是書本上讀不明白的歷史。儒生們崇尚的詩書禮儀人們未必喜聞樂見，宋真宗的迷信活動，倒自有深入人心之處。碧霞元君是與媽祖齊名的北方女神，前身是泰山玉女。宋初泰山太平頂已有玉女池，池泉「壅而濁」。因為宋真宗封禪，王欽若計劃整治玉女池，施工時，泉水突然變得豐盈清澈，喝起來有點甜。宋真宗因此下令塑玉女像，登泰山時親臨拜謁，還命人撰寫《玉女像記》。最遲至宋仁宗時，泰山玉女已有祠廟。元代玉女祠改為昭真祠，玉女被稱為「大仙」。明代泰山玉女信仰遭士大夫壓制，但在民間蓬勃發展，道教又將泰山玉女改造成碧霞元君，還說她是泰山山神的女兒。後來玉女終於獲得朝廷認證，在民間更受歡迎。

　　不過，這也改變不了宋真宗受儒生嘲弄與民間遺忘的命運。人們寧願欣賞與同情唐玄宗、宋徽宗之類有才華的昏君，宋真宗這樣庸弱卻能開創太平之世的帝王，容易讓人產生莫名其妙的優越感。或許，宋真宗這樣才算是「為某種事業卑賤地活着」吧！

曲阜周公廟宋碑

泰山碧霞靈應宮

7

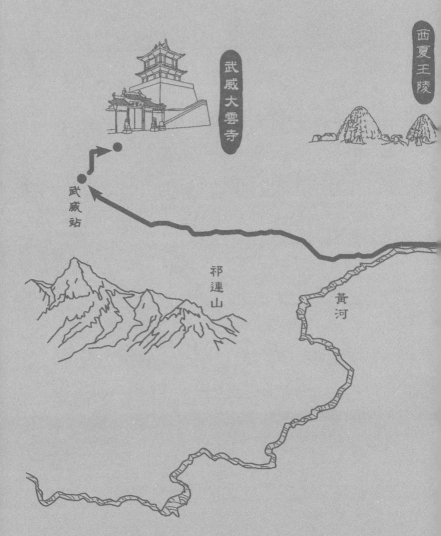

西夏王陵

武威大雲寺

武威站

祁連山

黃河

寧夏、甘肅行程：銀川承天寺塔、西夏王陵、武威大雲寺。

銀川站

銀川承天寺塔

李元昊建國：銀川西夏王陵

在蘇、浙、贛等周邊地區尋宋之後，我和老沈開始籌劃長途旅行。我們的第一站是遙遠的宋朝西北邊境。宋夏戰爭貫穿整部北宋史，又以仁宗朝宋軍三敗、元昊稱帝那段歷史最富傳奇色彩。2015年四五月間，我們開始了寧夏、甘肅的尋宋之旅。行程分為兩部分，一是在銀川、武威參觀西夏遺蹟，包括承天寺塔、西夏王陵與西夏碑；二是在固原尋訪好水川、定川寨等宋夏戰場。整個行程由銀川進，從蘭州出，銀川之行後，我們先坐火車到武威，再從武威至蘭州，租車開啟固原的自駕行。

除西夏王陵外，銀川承天寺塔與武威《涼州重修護國寺感應塔碑》（西夏碑）也是最重要的西夏遺蹟。慶曆八年（1048）元昊去世，一歲的兒子諒祚繼位，沒藏太后為祈禱統治長久而建承天寺、塔，塔藏佛骨與宋賜《大藏經》。《涼州重修護國寺感應塔碑》則有漢文、西夏文對照銘刻，有確切的西夏紀年「天祐民安五年」，文物價值極高，凝聚了眾多傳奇故事。護國寺原是十六國時前涼國主張天賜所建宏藏寺，武則天改為大雲寺，西夏改稱護國寺。西夏第四代國主李乾順時，塔因地震損毀，修復後勒石刻碑。西夏碑由清代學者張澍在武威清應寺重新發現，清應寺毀於 1927 年地震，碑則先後保存於武威文廟、西夏博物館。大雲寺也在地震中基本毀壞，惟鐘樓獨存，樓中銅鐘古樸精美，鑄造年代成謎，猜測最晚也遠在五代。

一、大白高國

西夏王陵景區大門兩邊紅牆上，有四個金色西夏文大字，這是西夏國的正式國名，翻譯成漢語就是大白高國。而西夏文獻一般自稱「白高國」或「白高大夏國」。「大白高國」

要是音譯，就是《續資治通鑑長編》、《涑水紀聞》中的「邦面令」。李元昊稱帝後給宋仁宗上表，自稱「男邦面令國兀卒曩霄上書父大宋皇帝」，看起來宋夏兩國結成了父子關係，這裏的「兀卒」也是西夏文音譯，差不多是皇帝、可汗的意思。「曩霄」則是元昊新取的名字，元昊把姓也改了，不再用唐、宋賜姓的李、趙，改姓嵬名。「嵬名曩霄」這個名字有一種民族趣味，這正是元昊刻意追求的效果。党項漢化已有百年，為了立國，元昊下達「留髮不留頭」的死命令，又改穿「衣白窄衫，氈冠紅裏」的民族服飾，創製西夏文字。

　　從宋史的角度講，西夏是宋太宗戰略失誤留下的惡果。據說西夏人是党項拓跋氏的一支。這事說來話長，拓跋本屬鮮卑，是北魏政權的建立者，党項屬於羌族，党項拓跋是不是鮮卑拓跋的後人，就有點說不清楚。党項拓跋原本在川藏青這一帶活動，遭到吐蕃排擠，便遷徙到隴東、陝北，又分為慶州（今甘肅慶陽）東山部與夏州（今陝西靖邊）平夏部兩支。唐末，平夏部首領拓跋思恭參與唐朝鎮壓黃巢的戰爭，被封為定難軍節度使、夏國公，賜姓李，統轄夏、綏（今陝西綏德）、銀（今陝西米脂）、宥（今陝西靖邊）、靜（今陝西米脂）五州。

　　宋初，夏州一直是割據藩鎮，但不敢怠慢宋朝，太平興國（979）宋太宗征北漢，夏州李繼筠主動派兵協助。李繼筠在位時間短，其弟李繼捧繼位不順，引發了政治動盪。宋太宗假裝支持李繼捧，卻另選官員知夏州，並召李繼捧入京。李繼捧本打算學習吳越國納土歸宋，但党項夏州還停留在部族體制

階段，李繼捧被族人視為敗類。族弟李繼遷擺脫宋朝的控制，糾集部族，聯遼反宋。

經過十五年的戰爭，宋朝於至道三年（997）重新任命李繼遷為定難軍節度使，仍轄五州之地。李繼遷不滿足，咸平五年（1002）攻下靈州（今寧夏靈武），後又攻佔西涼府（今甘肅武威），勢力範圍從陝北一隅擴展至今天的陝甘寧及青海等地。他的兒子李德明把政治中心遷往懷遠鎮（今寧夏銀川），改稱興州，並派其子李元昊攻佔河西走廊。李元昊繼位後，「發明」了一整套民族傳統，並稱帝改元。宋仁宗重新對西夏用兵，連遭敗績後，於慶曆四年（1044）議和，每年賜西夏銀七萬兩、絹十五萬匹、茶三萬斤，史稱《慶曆和議》。

經過和議，元昊接受了稱臣、自號「國主」等議和條件，不過西夏內部仍自稱大白高國，李元昊也自稱兀卒。大白高國字面上似乎說自己又大又白又高，名稱的來歷卻眾說紛紜。有學者認為與號稱「白城子」的統萬城有關，因為赫連勃勃夏國

西夏王陵景區大門

　尋宋：讀史訪古十萬里

的都城統萬城就在西夏發跡的夏州。也有人按五方學說，西方屬金，尚白，國號稱白，是自以為西方霸主的意思。又有人說按五德終始理論，唐是土德，土生金，夏國德金尚白，是繼承唐朝正統的意思。要是想得更遠一些，夏本是中原族名（華夏、夏后氏），先秦的「宋」出自殷商微子，屬東夷族群——這麼一來，宋夏兩國誰是蠻夷還不好說了。

二、西夏王陵

西夏王陵在銀川市西南二十公里，背靠賀蘭山，面對銀川平原，黃河繞王陵東南而過。與漢人陵墓松柏森森的景象不同，這裏漫天塵土，遍地瓦礫。如果遇到藍天，陵塔在賀蘭山的襯托下尤顯雄奇壯麗。

西夏王陵九座陵寢，其中有三座對外開放。王陵景區入口不遠的三號陵最為宏大，一般認為這就是李元昊的泰陵。坐電動車南行四公里，可以參觀相鄰的被稱為雙陵的一號陵、二號陵。現在九座王陵還不能與西夏君主一一對應。最初有學者認為南區雙陵是李元昊為祖父李繼遷、父親李德明重修的裕嘉二陵。也有學者認為，南區雙陵形制最為規整，修建時間應該最晚。又有學者說根據出土殘碑，二號陵或是第五代皇帝夏仁宗李仁孝的壽陵。

進入景區，首先可以參觀博物館。館中展品有西夏文殘碑、木板彩繪、佛像、迦陵頻伽石像等。博物館中有一件石雕頭像氣宇軒昂，讓人聯想到這會不會就是李元昊的容貌。值得

關注的是館內的陵區分佈與陵園復原模型。從模型上看，整個陵區南北長約十公里，東、西寬五公里，除九座王陵外，又有二百餘座陪葬墓。如果把陵區劃為南、中、北三個區域，王陵則呈南二、中四、北三的分佈格局。

陵園佈局大同小異：先是顯示威儀等級的黃土闕台，次為歌功頌德的左右碑亭，然後是排列石像生的月城；穿過月城進入內城，有墓祭的獻殿，形似魚脊的墓道封土；內城西北隅的高大建築看似圓錐形狀，其實為七級八面，推測是重簷樓閣式佛教塔樓。這個復原模型將陵園佈局呈現得一清二楚，可進入實景，碑亭、石像生早已不見蹤影，墓道盡頭是巨大的盜坑，散落着不少殘垣瓦礫，滿目瘡痍。

西夏王陵本來並不神秘。明人有詩《出郊觀獵至賀蘭山》，稱「昔年僭偽俱塵土，猶有荒阡在目前」，賀蘭山前的僭偽荒塚自然就是西夏王陵。生活在這裏的鄉親也流傳着「昊王墓，金銀兩大窟，要得開，且待元人來」的歌謠。不過，數百年之後，經過自然的和人為的損壞，西夏王陵竟然被人漸漸遺忘了。在相當長的時間裏，考古界對西夏王陵一無所知。1970年，一位陝西考古工作者見到王陵陵台高大，還以為是唐墓。1972年，蘭州軍區某部戰士在賀蘭山挖掘工程地基，意外發現了西夏文方磚，考古界才確認這裏是西夏王陵。

開禧元年（1205）至寶慶三年（1227）的二十餘年間，蒙古軍隊先後六次進攻西夏。西夏國都興慶府最後的守衛戰堅持了一年之久。戰爭進行得十分殘酷，成吉思汗病倒在西夏前

西夏王陵三號陵

西夏王陵南區雙陵

陵園復原模型

石雕頭像

迦陵頻伽石像

線，最後在這裏去世。興慶府淪陷之後，屠殺與毀陵都無法避免。今天看到的三號陵塔前的盜坑大得駭人，可能就是當年蒙古軍隊破壞的痕跡。1987年發掘東碑亭時還發現五個灶坑，灶口直徑一百一十八厘米，灶壁燒結層厚十厘米，推測是蒙軍在此駐紮盜墓的遺蹟。就王陵的保存來看，這還不是太悲慘的結局，西夏王陵今天是國家重點風景名勝區，是中國現存規模最大、地面遺址最完整的帝王陵園之一。比較而言，浙江紹興南宋帝陵早已夷為平地，河南鞏義北宋帝陵也多荒廢在田間。

其實西夏歷史自有輝煌的一面。金朝享國一百二十年，契丹（遼）自耶律阿保機成為部落聯盟首領至滅亡，享國兩百一十八年，蒙古自鐵木真稱汗至北元滅亡不足兩百年，兩宋

三號陵前面的巨大盜坑

享國三百一十九年（號稱秦以來最長久的王朝）。但是西夏，如果從中和元年（881）拓跋思恭割據一方開始計算，至寶慶三年（1227）滅亡，前後竟延續了三百四十六年。

三、牛魔王戰鬥過的地方

離開西夏王陵，我們趕往《西遊記大結局之仙履奇緣》另一處取景地——鎮北堡西部影視城。

這部電影的背景為甚麼要放在西夏王陵呢？這是一個非常有意思的設定。小說《西遊記》中牛魔王有兩個家，一個是正妻鐵扇公主的翠雲山芭蕉洞，另一個家是小妾玉面公主的積雷山摩雲洞。孫悟空在翠雲山借芭蕉扇不成，又往積雷山來「央」當年花果山的結拜兄弟牛魔王，結果兩人反目，打了一架。書上說翠雲山在火焰山西南一千四百里，積雷山又在翠雲山正南三千里，從百度地圖測距，義兄弟打架的地方已經進入印度境內了。從原著裏看，牛魔王和西夏王陵並沒有甚麼關聯。

不過，我總覺得牛魔王的形象特別適合出現在西夏王陵。因為牛魔王是西牛賀洲妖魔界的大佬，李元昊的白高大夏國也有稱霸西方的意思。西夏自稱大白高國，《西遊記》原著中牛魔王就是頭白牛，央視版《西遊記》的牛魔王也是膚色白皙。電影中的牛魔王扮相實在太黑了，完全不符合原著的設定。牛魔王有很深的佛教淵源，其真身大白牛是重要的佛教象徵物，他的原型甚至被認為是鳩摩羅王，他的妻子鐵扇公主的

另一個身份是羅剎女，他們夫妻和兒子紅孩兒後來都皈依佛門。但深具佛根的牛魔王，卻在侍妾玉面公主家的書房中研讀道教丹書，這是怎樣一種反潮流的精神。

難怪我總覺得李元昊與牛魔王在氣質上非常接近。在宋遼達成《澶淵之盟》的背景下，其父親李德明提出與宋朝世世代代友好下去的方針，卻遭到李元昊的反對。李元昊斷然走上逆中國化的道路，稱帝求戰，以險立國──這種反潮流的姿態，倒與牛魔王的氣質很契合。

固原、延安行程：好水川、秦漢蕭關、戰國秦長城、大營古城、上店子古城址、須彌山石窟、
黃鐸堡。

范仲淹的西北功業：延安嘉嶺山

延安

2015 年 5 月 2 日，我和老沈抵達蘭州，因為到得晚了，吃晚飯時已是晚上十時。第二天上午，我們租車自駕，一直開了四個半小時，來到固原市隆德縣好水鄉，宋夏好水川之戰時，宋軍曾經路過此地。好水川之戰的主戰場則在西吉縣的單家集、火家集一帶，可惜我們的行程太緊張，沒有來得及尋訪。傍晚時，我們路過「秦漢蕭關」景區，少不得遊覽一番，聊慰宋代蕭關無處可尋的遺憾。第二天，我和老沈遊覽秦長城後，尋訪定川寨戰役遺址──大營古城與上店子古城址，果然是「天高雲淡，望斷南飛雁」的景象。5 月 4 日，我們去了須彌山石窟，回程時路過黃鐸堡。黃鐸堡的名字出自明代，其實這裏是宋代的平夏城遺址。紹聖年間（1094-1097）章楶的兩次平夏城之戰，洗刷了仁宗朝對夏作戰三次大敗的恥辱。

《澶淵之盟》簽訂後，宋朝與西夏達成《景德和議》，所以宋真宗有資格說自己開創了太平之世。但元昊橫空出世，宋夏戰爭再起。重新達成和議在慶曆年間（1041-1053），戰爭結束後宋廷始行慶曆新政。慶曆年間是宋朝的轉型時期，從戰爭到和平，從因循到變革，從權謀到黨爭，從天命到道德。這一時期，范仲淹正是轉型的關鍵人物。值得注意的是，在宋神宗時代的歷史敍述中，范仲淹的主要事跡不是慶曆新政或與呂夷簡的摩擦，而是他在延州（今陝西延安）對西夏的有效防禦。

一、不比大范老子可欺

元昊對付宋朝的辦法是極限施壓──稱帝求戰，然後以戰求和。宋仁宗見元昊上表稱帝，氣得發狂，一面對西夏實行經濟制裁，詔令沿邊禁絕與西夏互市，一面調整軍事部署。在軍備最薄弱的陝西前線，他派出了五十八歲的文官范雍知延

州。范雍並非書呆子，他之前一直關注西北局勢，提出過安邊六事，建議在河北、陝西招募士兵加強軍備。不過，即使他赴任以後，延州「土兵寡弱」的問題也沒辦法得到解決。

范雍是正人君子，在延州深得民心，但他要對付的是元昊，就未免有些秀才遇到兵的尷尬。元昊先說他很景仰范雍，范大人來到延州，他就想向宋朝稱臣了。不知為何，范雍居然相信了元昊的說法。康定元年（1040）正月，元昊舉兵十萬突襲，使詐攻下金明寨（今陝西安塞沿河灣鎮），守將李士彬戰死，夏軍奔襲延州，范雍大驚，召宋將劉平從慶州馳援。兩軍在三川口（今陝西安塞北）遭遇，激戰數日，宋軍敗績，宋將劉平、石元孫被俘。夏軍圍延州七日，范雍計無所出，所幸天降大雪，夏軍解圍而去。

三川口大敗，宋廷震恐，不得不重新調整前線將領，讓韓琦出任陝西安撫使。韓琦又推薦了范仲淹。范仲淹到西北後，見延州破敗，請以守禦自任，於是受命知延州。范仲淹在延州訓練將士，修築堡塞，收復城池，夏人驚呼「今小范老子腹中自有數萬兵甲，不比大范老子可欺也」。元昊見延州無機可乘，遂轉攻三川寨（今甘肅固原）。宋軍積極應戰，頗有斬獲。

這一年，范仲淹五十二歲，韓琦三十三歲。

范仲淹考中進士是大中祥符八年（1015），時年二十七歲，他的官場起點是司理參軍（州級幕職官）。韓琦進士登第是在天聖五年（1027），時年二十歲，他的官場起點是通判（州

級副長官）。范仲淹做到通判這個位置已是四十一歲，之前他被晏殊舉薦為秘閣校理，但一入朝便得罪垂簾聽政的劉太后。明道二年（1033），四十五歲的范仲淹任右司諫，因極諫廢郭後事得罪宰相呂夷簡。當時韓琦也在朝中，任監左藏庫，就是管理國庫的負責人，沒有參與范仲淹的進諫活動。三年後，韓琦也任右司諫，時年二十九歲。這一年四十八歲的范仲淹再次入朝，因為上《百官圖》再次得罪呂夷簡，名聲大噪。此後，范仲淹轉輾流徙各地，韓琦仍是朝中諫官，直到兩人同時出鎮西陲。

知延州之前，范仲淹的輝煌事跡主要是勇鬥太后、宰相，雖然掙得名聲，卻不能改變政治現實。宋夏議和後，范仲淹出任參知政事，主持慶曆新政，也以失敗告終。范文正公的道德文章無可挑剔，但如果不是在西北前線建功立業，他的才華和抱負幾乎沒有實踐證明的機會，他的歷史形象或許徘徊在酸儒與狂士之間。正是在延州，范仲淹開始獲得主角光環，為「宋朝人物第一」的口碑奠定了基礎。

今天延安南川河東岸寶塔山麓的摩崖石刻，有范仲淹手書的「嘉嶺山」三個大字，每字高三點六八米。此外，又有「先憂後樂」、「胸中自有數萬甲兵」、「先憂後樂」、「出將入相」、「一韓一范」等摩崖，主題無不是紀念范仲淹。這些題刻均無落款，書寫者及書寫年代均無考，一般認為出自宋代後期至明代。

二、軍中有一范，西賊聞之驚破膽

在西北前線，韓琦與范仲淹形成對西夏的兩種不同的策略，韓琦主張主動出擊，范仲淹堅持積極防禦。康定二年（1041）二月，夏軍南下往羊牧隆城（今甘肅西吉火家集）一帶進發，韓琦連忙到鎮戎軍（今寧夏固原）坐鎮，命任福等率大軍向德勝寨（今甘肅西吉將台鄉）追擊，並嚴令不得變更行軍路線。結果，元昊派了一支軍隊到懷遠城（今甘肅西吉偏城鄉）迎擊宋軍，宋軍連獲勝績，便不斷追擊，中了誘敵之計。夏軍主力抵達籠竿城（今寧夏西吉興隆鎮）後，在籠洛川、好水川的西口設下埋伏，誘敵部隊則引宋軍南下從籠洛川、好水川東口（今寧夏隆德好水鄉）西行。任福等貪勝心切，進至好水川時失去夏軍蹤影，仍被夏軍故意拋棄的物資迷惑，步步深

入夏軍包圍圈。離好水川西口（今寧夏西吉單家集）尚有數里，任福打開夏軍丟下的銀泥盒，盒中飛出了數百隻鴿子，向夏軍發出了進攻信號。

好水川自東向西流淌，河道與今天從好水鄉到興隆鎮的好興公路接近，在單家集一帶匯入葫蘆河，宋軍大致就在單家集附近被殲滅，任福、桑懌等主將力戰而死。據說，好水川西端數里有王莊，王莊有土崖夾着一層宋夏戰爭留下的白骨，附近立有好水川古戰場遺址碑，現為縣級文保單位。往北約七公里的火家集古城，就是天禧元年（1017）修建的羊牧隆城，慶曆三年（1043）改名隆德寨，現仍有回字形城牆遺址，外城南北長六百五十米，東西寬四百二十米，殘高三至六米，城內散見宋代瓷片，現在是區級文保單位。至於好水川的東端，今天的好水鄉，應該是夏軍施埋伏計的關鍵地點，當地的好水橋上也立碑記述這次戰役。

宋軍兵敗好水川時，范仲淹仍在延州。韓琦曾反覆要求范仲淹合擊夏軍，范仲淹堅決不允，即使韓琦派范仲淹的好友尹洙前往勸說，范仲淹也不為所動。范仲淹還連上三表，強調主動進攻太過危險，被尹洙認為「公於此乃不及韓公也」。尹洙曾豪言，大敵當前，勝敗當置之度外。好水川大敗，數千陣亡將士的家屬擁到韓琦帳前痛哭。范仲淹歎息道，這種時候，誰敢說把勝敗置之度外呢。

趁着好水川的勝利，元昊開始試探和平的可能。范仲淹認為元昊漫天開價會惹惱朝廷，於是冒着政治風險，私下給李

今天的好水川

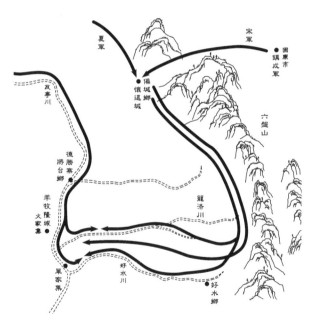

好水川之戰形勢圖

元昊寫信，語重心長地勸說他。元昊的回信措辭傲慢，表示自己一定要當皇帝。范仲淹擔心朝廷陷於尷尬，把元昊的回信燒毀。當時有位參知政事說范仲淹此舉當斬，倒是范仲淹的政敵呂夷簡說他忠心可嘉。結果范仲淹被降職，但仍在前線執行他築城防守的策略。

議和不成，第二年元昊再次發動進攻，聲稱攻打鎮戎軍。宋軍派葛懷敏禦敵。葛懷敏行至養馬城，分兵守衛鎮戎軍。待敵趨近，又分兵往定川寨迎戰。從養馬場到定川寨，由一片平原進入山谷，葛懷敏或許認為定川寨在山谷中因此比較安全，不料被夏軍層層包圍。夏軍毀路拆橋，絕斷定川寨水源。葛懷敏下令突圍，結果進退失據，被夏軍殲滅，葛懷敏等宋軍十六將皆遇害。戰後夏軍直抵渭州（今甘肅平涼）擄掠，范仲淹自慶州馳援不及，一句「將軍白髮征夫淚」，或許就是當時的哀吟。

葛懷敏屯兵的養馬城，就是今天距固原市區西不足五公里、中河鄉廟灣村的大營古城。大營古城面積十四萬平方米，圍牆保存得相當完整，已被列為全國重點文物保護單位。不過，我們在此尋訪時，東側的大營河由於工業廢水排放，惡臭難近，只能從西側立有國保牌的地方進入。大營城往西十公里的山谷口、中河鄉紅崖村上店子水庫的東側，就是宋代定川寨的遺址。定川寨依山勢而建，面積二十一萬餘平方米，城牆殘破嚴重。惟南牆尚有殘餘，並立有上店子古城址的市級文保護碑。

定川寨戰敗的消息傳至朝廷，呂夷簡驚呼一戰不如一戰，范仲淹積極防禦的策略開始受到重視。從此，韓琦與范仲淹同心協力，建立對夏防禦體系，遂有歌謠「軍中有一韓，西賊聞之心膽寒；軍中有一范，西賊聞之驚破膽」。在對峙局面下，元昊無計可施，雙方的議和時機也臻成熟。

三、此行正蹈危機，豈復再入

慶曆三年（1043），宋夏議和成，呂夷簡罷相，范仲淹升任參知政事。這年宋仁宗開天章閣（藏宋真宗御書的圖書館），並徵求行政改革方案。范仲淹應詔上書，提出了十項改革方案，宋仁宗陸續推行，史稱慶曆新政。新政以州縣立學最具成效，其他各項均遭抵制，並有結黨之譏。第二年，宋仁宗當面指責范仲淹「結黨」，范仲淹答以「苟朋而為善，於國家何害」，令皇帝困惑不已。這時西北尚有邊患，范仲淹自請出鎮。路經鄭州，范仲淹與故相呂夷簡相見。呂夷簡告訴范仲淹，經略西北，莫如在朝廷為便，你在陷於政治危機之際離開都城，今後恐怕沒有機會再回去了！

慶曆五年（1045）正月，范仲淹罷參知政事，先後知邠州（今陝西彬縣）、鄧州（今屬河南）。在鄧州，范仲淹營建花洲書院，在書院春風堂寫下了千古名篇《岳陽樓記》，花洲書院現在是 4A 級景區。慶曆六年（1049），六十一歲的范仲淹移知杭州。三年後又移知潁州（今安徽阜陽），行至徐州時病卒，葬於洛陽。洛陽范仲淹墓是全國重點文物保護單位，宋仁

大營古城遺址

遠看大營古城

　　　　　　　　　　　尋宋：讀史訪古十萬里

宗撰額、歐陽修撰寫的「褒賢之碑」（神道碑）至今立於伊川縣彭婆鄉許營村范仲淹家族墓園，墓園中還有范母謝氏、長子純佑、次子純仁、三子純禮、四子純粹及孫輩的陵墓。

　　范仲淹最後的任所在杭州，現在的杭州高級中學內曾經有范公祠，今天已難以尋覓。讓范仲淹流芳百世的壯舉之一，是與兄長范仲溫在蘇州創辦范氏義莊以賑宗族，這是他知杭州時做成的事情。范仲淹的經歷坎坷崎嶇，他生於正定（或說徐州），長在山東鄒平，苦讀在應天府（今河南商丘），家族在蘇州，卒於徐州，葬於洛陽。雖然范仲淹是一代名臣，威鎮延州而名垂開封，但能成為宋朝人物第一，主要還是教學與義莊兩樁官場以外的事情。因此除了延安與固原，我們還分別在蘇州天平山與商丘應天書院尋訪了范仲淹遺蹟。

蘇州天平山

河南商丘重建的應天書院

1038　西夏李元昊稱帝

1039　西夏入侵保安軍，宋軍擊走之，狄青功最多。

1040　宋夏爆發三川口之戰，宋軍潰敗，夏圍延州。

　　　韓琦任陝西安撫使，范仲淹知延州。

1041　宋夏爆發好水川之戰，宋軍潰敗。

1042　宋夏爆發定川寨之戰，宋軍潰敗。

1043　西夏請和

　　　范仲淹參知政事，言十事，慶曆新政開始。

1044　歐陽修作《朋黨論》

　　　宋夏議和

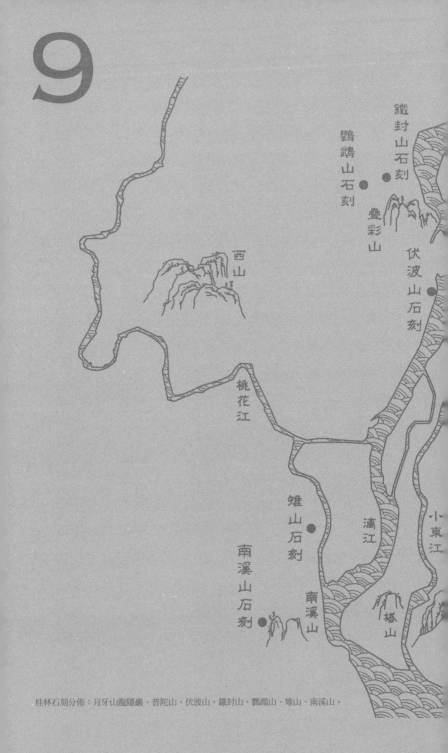

9

鐵封山石刻

鸚鵡山石刻

疊彩山

西山

伏波山石刻

桃花江

灕江

小東江

雉山石刻

南溪山石刻

南溪山

塔山

桂林石刻分佈：月牙山龍隱巖、普陀山、伏波山、鐵封山、鸚鵡山、雉山、南溪山。

狄青的前途和末路：

桂林《平蠻三將題名碑》

普陀山

廣西漓江之行是為了尋訪《元祐黨籍碑》，才在行程最後匆匆參觀桂林市七星公園及龍隱巖。號稱「桂海碑林」的龍隱巖石刻材料之豐富，完全超乎我的想像，這裏僅北宋石刻就有四十八種。其中最壯觀的當數《大宋平蠻碑》，所述平定儂智高事既是宋史大事件，也是當地影響深遠的傳奇。

一、狄青

可以並肩作戰，未必就是志同道合。

狄青，宋朝歷史上另一位屈抑而死的山西武將。他是農家子，練得一身武藝，更兼身材魁梧，平時也受不得委屈。狄青在家鄉與人爭執，任氣到京城參加皇帝的禁衛軍，常在皇家儀仗隊中出風頭。後來不知何故，他觸犯了軍法，罪至於死，被「大范老子」范雍救了下來。寶元元年（1038）西夏李元昊稱帝，宋軍一時無計可施。這時狄青奔赴西北，他披髮上陣，大小二十五戰，中流矢八次，所向披靡，很快建立起名聲。不久，韓琦、范仲淹、尹洙等人也來到西北前線。最先是尹洙賞識狄青，尹洙又將狄青推薦給韓、范。范仲淹一見狄青，驚為奇才，授他一部《左傳》。宋軍連遭好水川、定川寨兩次大敗，宋仁宗急派狄青救場，好歹收拾了殘局。

在宋夏議和之前，圍繞着是否要在宋夏邊境修築水洛城，范仲淹與韓琦再次形成不同意見。范仲淹支持築城，韓琦則以為修城不便。等兩人回到朝中，朝廷一時舉棋不定。官員劉滬、董士廉堅持築城，反對築城的尹洙便派狄青抓捕了劉滬

等，引發軍民騷亂。朝廷調查的結果，水洛城繼續修築，范仲淹、歐陽修等築城派認為劉滬等人可以釋放，但盡量安撫狄青，時任諫官的余靖則指責狄青等任事倉卒。

慶曆新政時，朝廷重新部署西北防線，孫沔從渭州調任慶州，尹洙從慶州調任晉州（今山西臨汾），狄青知渭州。沒想到這一任命遭到余靖反對，他連上四道奏章，說狄青不可獨當一路，貶斥狄青是「剛悍之夫」、「粗暴」、「為性率暴鄙吝」，甚至指他為「匹夫」，朝廷為此收回成命，改任狄青為權、并、代都部署。

二、余靖

雖然不能獨當一路，但狄青威鎮西北，「西陲少事矣」。皇祐四年（1052）范仲淹去世時，狄青被召回朝中，升任樞密副使。當時余靖因為父親去世，在家鄉韶州曲江（今廣東韶關）守孝。這年四月，廣源州（今越南諒山一帶）儂智高起兵，從橫山寨（今廣西百色田東）打到邕州（今廣西南寧），然後千里奔襲，一月之間，進逼廣州。當地官員與朝廷這才意識到問題嚴重，開始調兵遣將，先把正在廣東的余靖派往桂州（今廣西桂林），又把魏瓘從越州（今浙江紹興）調到廣州。魏瓘總算保住了廣州，余靖卻無力阻擋儂智高折返邕州。朝廷又把孫沔從西北調來，仍然無濟於事。

儂智高提出割據廣西，臣服宋朝，宋仁宗一籌莫展。這時樞密副使狄青主動請纓，宋仁宗十分感動，在宰相龐籍的支

持下，打破派文臣或宦官監軍的慣例，由武臣狄青獨自率軍南征。狄青在桂州與孫沔、余靖兩軍會合，夜襲崑崙關（今廣西南寧賓陽與崑崙鎮交界處），又在歸仁鋪（今廣西南寧北郊三塘）會戰中大敗儂智高，一舉收復邕州等地，並派兵追擊儂智高至廣源州、大理國。

經過儂智高之役，余靖徹底改變了他對狄青的看法。他撰寫的《大宋平蠻碑》鑴刻於桂林鎮南峰（鐵封山），稱頌狄青「乃知名將攻取，真自有體哉」，「我公之來，電掃雲開，叛蠻鬥破，綱領重恢。師成廟算，民得春台。天聲遠振，德公之瑰」。隨後，狄青與孫沔班師回朝，分別升任樞密使、樞密副使。余靖升為尚書工部侍郎，留在桂州善後，並派人擒獲儂智高母親、弟弟及兒子，募人往大理將儂智高首級函送京師。今天桂林月牙山龍隱洞還保存着皇祐五年（1053）刻石的《平蠻三將題名碑》，記述平定儂智高的經過，狄青、孫沔、余靖和三軍將士的職官和姓名，戰後對地方的善後政策，以及對立功將士的加官論賞。

三、孫沔

狄青以武將出任樞密使，卻遭到文臣的仇恨。至和三年（1056），朝中名臣歐陽修、文彥博聯手排擠狄青。歐陽修先「上仁宗乞罷狄青樞密之任」，誣蔑狄青「不知進退」、「未得古之名將一二」，還以黃袍加身來影射狄青，建議仁宗皇帝「戒前世禍亂之跡，制於未萌」。接着，又莫名其妙地連寫二

道《上仁宗論水災狀》，聲稱京城水災是因為武人掌權而導致的「天地之大變」。狄青因此被貶陳州。宰相文彥博每隔半個月派宦官來看望狄青一次，讓狄青「驚疑終日」，第二年便疾作而卒，年僅四十九歲。當時仍在桂州的余靖為狄青撰寫墓誌銘，高度評價狄青的才德功績。而進士出身的孫沔出知杭州等地，在地方上做盡了巧取豪奪、強搶民女的壞事。孫沔被處分退休之後，在英宗朝竟然因為歐陽修的推薦被重新起用，以資政殿學士的身份出知邊地。

四、龍隱巖

今天桂林市小東江畔七星公園月牙山瑤光峰南麓，包括龍隱巖、龍隱洞、月牙巖等處，共有唐宋以來的石刻兩百二十餘方，號稱「桂海碑林」。其中宋碑有一百三十餘方，包括著名的《元祐黨籍碑》（重刻）。至於整個桂林，據杜海軍教授的統計，僅宋代石刻就有五百二十件。

這裏除了《平蠻三將題名碑》，又有孫沔、余靖出遊的摩崖題刻。孫沔題刻在龍隱巖：

孫沔、朱壽隆、胡揆、陳欽明同遊。皇祐癸巳二月。

這是大敗儂智高後孫沔與同僚的一次出遊。朱壽隆的名字同樣出現在《平蠻三將題名碑》中，他原來的官職是提點刑獄、同計置糧草、司門員外郎，戰後升任為考功員外郎。

余靖的題刻在月牙巖：

廣南西路體量安撫使副余靖安道，賈師熊文友，經略安撫蕭固

桂海碑林景區

孫沔題刻

余靖題刻

幹臣，轉運使宋鹹貫之，兵馬鈐轄柳涉公濟，提點刑獄李師中誠之，馬仲方子正，通判黃照晦甫偕遊。時嘉祐五年十月晦日題。

這是儂智高叛亂八年之後的嘉祐五年（1060），余靖臨危受命，往邕州平定交趾及甲峒蠻之亂後所題。余靖抵達邕州後移檄交趾，交趾立即懲凶請罪，這是當年秋八月的事情。在邊患化為無形之後，余靖出知廣州，因此有當年十月路經桂州時的出遊題刻。

1045 范仲淹出知邠州，新政漸罷。

1046 京東進士劉垍等謀起事，被誅。

1047 貝州王則起事

1048 李元昊為其子寧令哥所殺，遺腹子諒祚嗣位。

1049 廣源州蠻儂智高建南天國，始擾宋。

1050 交趾攻儂智高

1051 龐籍拜相

1052 儂智高圍廣州，陷昭州。

1053 狄青敗儂智高

　　　 陝西行青苗法

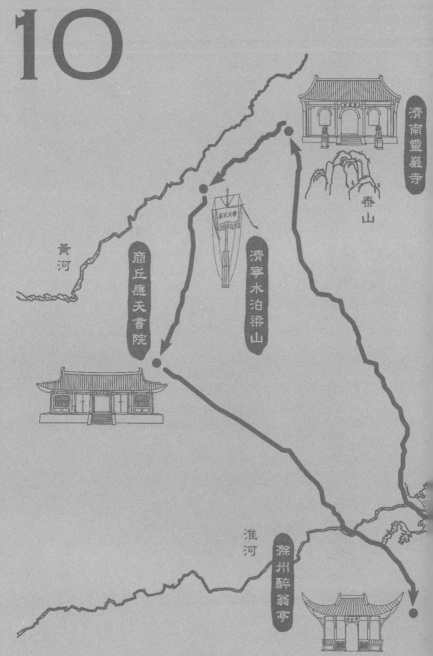

10

黃河

商丘應天書院

濟寧水泊梁山

濟南靈巖寺

泰山

淮河

滁州醉翁亭

江蘇、山東、河南、安徽行程：盱眙第一山、濟南靈巖寺、濟寧水泊梁山、商丘應天書院、滁州醉翁亭。

盱眙第一山

歐陽修是快樂的：滁州醉翁亭

有幾處地方，是我們的尋宋旅程非到不可的，我與老沈也特別
嚮往，但一直不知道如何組織行程。一是濟南靈巖寺，曾經的四大名
剎之首，寺內有三十二尊精美的北宋泥塑羅漢。二是濟寧的水泊梁山
景區，雖然沒有重要文物，卻是宋代文化的重要組成。三是商丘及應
天書院，應天書院號稱中國四大書院之首，且是范仲淹讀書講學之
地，商丘更是宋朝的南京，而且是宋朝的國號來源。

我們從杭州到濟南，自駕了八百多公里。一路挑選重要的文物
遺蹟，觀光少有機會踏足的城市。到達盱眙第二天尋訪盱眙第一山
（米芾）、徐州黃樓（蘇軾），並遊覽明祖陵、徐州獅子山漢楚王墓。
第三天尋訪濟寧崇覺寺鐵塔，遊覽向往已久的嘉祥武氏墓群石刻及曾
子宗聖廟。第四天，我們尋訪鄒城重興塔，遊覽鐵山摩崖石刻及尼山
夫子洞、孟子亞聖廟。第五天抵達濟南，先在大明湖尋訪辛棄疾紀念
館、曾鞏南豐祠。第六天赴靈巖寺，在這裏大飽眼福。第七天尋宋水
泊梁山，順訪孝堂山郭氏墓石祠等。第八天，我們到了商丘應天書院
及聖壽寺塔、微子祠。我們對商丘的景致、食宿都不太滿意，臨時決
定連夜離開。回程仍有七百餘公里，原計劃順訪芒碭山，這時已提不
起興趣。我提議無論如何再找一處重要的宋代遺蹟，於是我們把目光
投向了滁州琅琊山醉翁亭。

一、遊飲無節

歐陽修與范仲淹曾多次並肩作戰，但兩人氣質不同。范
仲淹憂鬱，「先天下之憂而憂」，吟的是「濁酒一杯家萬里」。
歐陽修卻是快樂的，宣稱「行樂直須年少」，貶到滁州還「醉
能同其樂，醒能述以文」，十分灑脫。

歐陽修「行樂直須年少」的日子是在洛陽度過的，那是他高中進士後宦遊的第一站。在洛陽，歐陽修的頂頭上司是西崑體骨幹詩人錢惟演，同僚有宋詩開山鼻祖梅堯臣、古文運動先驅尹洙等。這是一個相當自負的小團夥，幾人整天湊在一起，喝酒，作詩，狎妓，縱論天下，常以兵法自許。「我昔初官便伊洛，當時意氣尤驕矜。主人樂士喜文學，幕府最盛多交朋」，歐陽修在這種氣氛中度過了兩年多的光陰，一方面四處結交慷慨激昂的天下奇士，如飲酒不醉、精通兵法的石曼卿，另一方面縱情於「郎多才俊兼年少」的風流快樂，寫了一大堆「嬌羞雲雨時」的艷情詞。

　　到了第三年，錢惟演卸任離開洛陽，繼任者是寇準的女婿王曙。寇準當年也是喜歡喝酒賭博的詩人，在澶淵之戰立下的奇功更讓尹洙、歐陽修等欽羨不已，不料寇準在權力鬥爭中失手，貶死於嶺南。王曙是敦厚君子，看不慣歐陽修、尹洙等年輕人「遊飲無節」的作風，教訓他們說：「各位青年才俊，你們知不知道寇萊公晚年為甚麼給自己招來禍患？還不是因為酒喝太多了！」在場眾人都唯唯稱是，歐陽修卻站出來說，「寇萊公失利，是因為他沉湎權力鬥爭不能自拔，這對老年人尤其危險」。這話沒毛病，也把王曙嚇一跳，當時「默然，終不怒」，不久便向朝廷推薦了歐陽修。

　　歐陽修早年有點革命浪漫主義，覺得為了共同的目標，有志之士應該不分你我，共同奮鬥。他時刻關注着朝廷的局勢，就恨沒有機會在波雲詭譎的政治旋渦中一試身手。四年

前（1029），歐陽修在京城準備禮部試的時候，得知朝中有位四十一歲的秘閣校理叫范仲淹，竟然上疏請劉太后還政。朝廷沒有回復這種奇談怪論，范仲淹自覺不受重視，打報告自請外補。范仲淹的操作模式在當時很獨特，一下朝野共知。歐陽修無緣相識范仲淹，卻暗暗把他引為知己。結果這一年（1033）劉太后去世，范仲淹被朝廷召回擔任右司諫。這讓歐陽修特別激動，天天盼着范仲淹再有所動作。但左顧右盼，等了又等，范仲淹卻毫無動靜，歐陽修按捺不住，給范仲淹寫信說：「我們洛陽的士大夫都等着看你的表現，你怎麼還不出手啊！」（「伏惟執事思天子所以見用之意，懼君子百世之譏，一陳昌言，以塞重望，且解洛之士大夫之惑，則幸甚幸甚！」）

范仲淹見識到比自己還激進的後生，應該慶幸大宋士風大變。這時宋仁宗與宰相呂夷簡鬧着要廢皇后，不知是不是受了歐陽修來信的刺激，范仲淹站出來堅決反對，甚至跟宰相撕破臉皮，再次被貶出京城。范仲淹總算沒有辜負朝野士子對他的期望，天下輿論再次為他沸騰了。

范仲淹離開京城時，或許想着下次大新聞得拉上歐陽修。不久歐陽修與尹洙一起在朝中任職。過了兩年（1035），范仲淹從蘇州回到京城，成為開封府長官，有了與歐陽修並肩作戰的機會。景祐三年（1036），范仲淹上《百官圖》，在用人問題上猛攻呂夷簡，在毫無懸念下，他第三次被貶出京城。范仲淹的朋友們，包括余靖、尹洙、蘇舜欽、蔡襄，通過各種渠道發表言論，表示要與范仲淹共進退。歐陽修自然沒有放過

這個機會，只是他的角度更加刁鑽，寫信大罵司諫高若訥失職。這些人與范仲淹共進退的願望迅速得到滿足，歐陽修被貶到湖北小縣城夷陵（今屬湖北宜昌）當了縣令。

窮僻的夷陵讓歐陽修改變了遊飲無節等不健康的生活方式。他安下心來研究歷史，正經做起了學問。此後大概有五年時間，歐陽修輾轉在各地當官。康定元年（1040），西北戰事危急，范仲淹出鎮延州。范仲淹對歐陽修念念不忘，想請他當自己的掌書記（貼身秘書）。歐陽修不樂意，覺得自己有奇謀制敵之才，范仲淹不讓他運籌帷幄，難道跑軍隊裏去出黑板報？為了表示「人不知而不慍」，他對人解釋說，這要是去了，人家以為當年罵高若訥是圖范仲淹的回報，他們的革命友誼就不純潔了。

二、醉同其樂

歐陽修與范仲淹的革命友誼很純潔。范仲淹在西北感歎「燕然未勒歸無計」時，歐陽修輾轉在中央的各個文化部門快樂地從事着學術工作，偶爾也會獨自與呂夷簡鬥法，然後獨自被趕出朝廷。等他再次回到朝廷，與余靖、蔡襄等人一起擔任諫官的時候，他的老對頭呂夷簡終於罷相，宋朝即將迎來慶曆新政的時代。

慶曆新政好像讓范仲淹出盡了風頭，其實他只是根據宋仁宗的要求提出了十點改革意見，也就是《答手詔條陳十事》。而宋仁宗向范仲淹等問政，本來是歐陽修的主意，甚至

滁州琅琊山歐陽修像

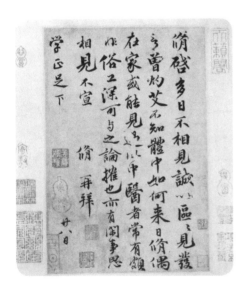

歐陽修書法

范仲淹調任參知政事的人事安排，也是歐陽修說范仲淹「素有大材，天下之人皆許其有宰輔之業」之後的結果。慶曆新政引起軒然大波，守舊派點名范仲淹、歐陽修、尹洙、余靖、蔡襄這幾個人搞團團夥夥，上了一本《論范仲淹等結黨奏》。宋仁宗問范仲淹，你們正人君子還搞團團夥夥嗎？范仲淹回答說，這不叫團團夥夥，這叫團結就是力量，團結起來好跟壞人做鬥爭。歐陽修還嫌不過癮，寫了一篇《朋黨論》，中心思想是：君子結黨萬歲。

歐陽修這個觀點很有創意，直接違背孔子「君子不黨」的古訓，讓宋仁宗覺得很討厭。皇帝又不是非得跟這幾位一起建設太平盛世，下詔說「不為朋黨，君明臣哲，垂榮無極，何其德之盛也」，直接駁斥歐陽修的謬論，還不點名批評范仲淹「更相附離，以沽聲譽」，教訓歐陽修「詆斥前聖，放肆異言」。詔書一下，范仲淹等紛紛自請外放。歐陽修被安排出遠差，回到朝中發現戰友們都不見了。歐陽修這時還很浪漫，認為范仲淹太過「溫良恭儉讓」，斷送了革命前程。他上了一道《論杜衍、范仲淹等罷政事狀》，連奸臣帶皇帝一塊罵了，然後在朝中堅守他的諫官崗位，等於對政敵們說，「就喜歡你看不慣我又幹不掉我的樣子」。

這時恰有歐陽修的外甥女張氏因事被鞫於開封府，為免罪，竟指證未嫁時與歐陽修有不清白的關係，「詞多醜異」。這下政敵們抓住了把柄，群起攻擊。歐陽修受不了了，百般辯解，意思大概是說：一旦更多證據公之於眾，將明確證明自己

的無罪，請相信大宋的司法制度。正四面楚歌時，平時和歐陽修關係冷淡的趙槩對宋仁宗說，「這個事情我寧願相信歐陽修」。朝廷調查的結果，認為歐陽修案存在嚴重的證據問題。輿論對此形成兩種不同的傾向，一種觀點認為法律上無罪不等於道德上的清白，另一種觀點則認為，歐陽修既然無罪，為何還是被貶滁州呢？

慶曆五年至皇祐三年（1045-1051），歐陽修先後在滁州、揚州、潁州、應天府任官。2017 年 6 月 9 日至 10 日，我們在商丘訪古，有感於古宋州風韻凋零，臨時決定連夜驅車尋訪歐陽修的醉翁亭。6 月 11 日，大雨如注，琅琊山色依然翠艷明麗，不減當年「林壑尤美，望之蔚然而深秀」的風采。遠離京城，歐陽修在滁州似乎恢復了遊飲歡樂的生活，一篇不足五百字的《醉翁亭記》，「樂」字竟出現十次。不過與「郎多才俊兼年少」的洛陽風流不同，這時年不及四十的歐陽修已是「蒼顏白髮」。酒，在洛陽有紅粉相勸、有奇士豪飲，在滁州便成了「醉同其樂」的消愁飲品。

如果歐陽修在醉翁亭飲酒的那一刻確實感到歡樂，那也是一種幽暗意識，「人知從太守遊而樂，而不知太守之樂其樂也」。頹然而坐的廬陵太守，他的醉翁之意既不在酒，也未必在於山水之間。滁州之任的謝表中，歐陽修還是理直氣壯地為自己辯白一番，但當時他距離輕狂墮落也僅有一步之遙。在洛陽一起詩酒風流的好友尹洙被貶均州酒稅，因被長期刁難已經病卒，年僅四十七歲。青年才俊蘇舜欽早被貶為庶人，這時在

滁州琅琊山醉翁亭景區

著名的醉翁亭

蘇州把玩滄浪亭，不久去世，年僅四十一歲。跟他們相比，歐陽修還能在醉翁亭與民同樂，只能說比較值得慶幸了。

歐陽修是一位傑出的歷史學家，這時候他肯定思考過這樣的問題：後人將如何書寫慶曆新政這段歷史？《朋黨論》將會是彪炳千秋還是淪為笑柄？自己今後的政治生涯又該如何繼續？在潁州時，歐陽修愛上了潁州西湖，打算買地建屋，過點優遊的官紳生活。皇祐四年（1052），歐陽修的母親鄭氏去世，他在潁州守制，常思歸隱之計。這時范仲淹移知潁州，慶曆新政的老戰友似乎又要見面。不過，范仲淹在徐州去世，歐陽修也就接到一個不可推辭的任務，為范仲淹撰寫神道碑。這篇碑文，守制鄉居的文壇領袖歐陽修寫了兩年，卻讓范仲淹墓誌銘的作者富弼極度不滿，刻石時更被范家刪削，由此引發所謂的「范呂解仇」公案。

所謂「范呂解仇」，是指歐陽修在神道碑文中宣稱范仲淹與呂夷簡消除恩怨，「二公歡然相約，戮力平賊」。或許在歐陽修看來這是毋庸置疑的事實，但同樣的事實也有不同的寫法。關鍵不在於解不解仇，而在於黨爭巨禍不可再起——如果范呂結仇，黨爭將永無寧日。這樣理解的話，那麼歐陽修對當年的《朋黨論》應當有一點悔意，醉翁亭中的快樂，也只能是幽暗、含混、迷離的。

三、《醉翁亭記》

歐陽修的《醉翁亭記》成於慶曆六年（1046），據說曾經

多次修改。北宋時《醉翁亭記》有三次刻石，先是慶曆八年（1048）陳知明書丹並遣人刻石，再是嘉祐七年（1062）蘇唐卿篆書刻於山東沂州費縣，最後才是元祐六年（1091）蘇軾應邀楷書，並由滁州太守王詔遣人刻石。陳知明刻石時歐陽修已經移知揚州，後來兩人在揚州的宴會上還見過面，不過好像誰也沒有提起這件事。直到歐陽修徙知潁州，有滁州訪客詳述陳知明刻《醉翁亭記》之事，歐陽修才去信給陳知明，訴說相知之意。

陳知明的碑銘早已亡佚，蘇唐卿的篆碑尚有拓本。嘉祐七年（1062）歐陽修已經官至參知政事，當時費縣的長官蘇唐卿是位書法家，以篆體書寫《醉翁亭記》，在費縣官衙立碑。明代該碑覆於土中，弘治十年（1497）地方官楊惠「啟之磨洗」，豎於縣儀門下，「庶風雨日之不剝落」。清道光年間縣令李澧又重修儀門。1943 年費縣淪陷，親日組織新民會數人將碑掘起，準備轉移至鄉間，運送途中斷成六塊。1953 年斷碑移於縣文化館，在「文革」中散佚。今原碑已無覓處，民間拓本尚多。該碑碑陰又有歐陽修、趙槩給蘇唐卿的通信以及蘇唐卿等人立碑的唱和詩文，雖不見拓本傳世，卻有光緒《費縣志》全文抄錄。

元祐六年（1091），蘇軾知潁州，王詔知滁州。劉季孫從高郵回開封，路過滁州，因他與王詔同籍，王詔便拜託他往潁州向蘇軾求書，所求就是蘇軾楷體名帖《醉翁亭記》。王詔得書後刻石於醉翁亭旁，取代了陳知明的刻碑，從此拓碑者絡繹

宋蘇唐卿書歐陽公醉翁亭記

碑連額高漢尺十尺廣四尺四寸在貴池縣儀門口

額題滁州琅琊山醉翁亭記九字三行

蘇唐卿篆書《醉翁亭記》拓本

醉翁亭、二賢堂題刻

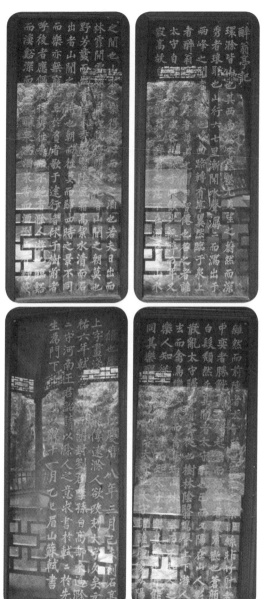

滁州琅琊山醉翁亭景
區寶宋新齋新刻蘇軾
書《醉翁亭記》

不絕，「山僧雲寺庫有氈，打碑用盡」。不過十餘年後元祐黨禁，蘇軾文字無不禁毀。明代永樂年間（1403-1424），來醉翁亭的遊客只見「寒蕪荒址，唯『醉翁亭』『二賢堂』六字隱隱岩石間」，這時蘇軾楷體《醉翁亭記》碑已湮沒三百年。

明代宣德年間（1426-1435），南京太僕寺卿趙次進「復作醉翁亭，而刻所為記置亭中」，將蘇軾楷書刻於兩石四面。明代天啟二年（1622），南京太僕寺少卿馮若愚另建屋亭，將兩石嵌於牆壁，這就是今天醉翁亭西側寶宋齋的石碑，在清代咸豐年間（1851-1861）及「文革」時期遭嚴重損壞，現在只能辨識一半文字。1981年，當地又據拓本另行刻石，立於醉翁亭之西醒園「寶宋新齋」內，字大而醒目，供人觀瞻。

此外，蘇軾又有草書《醉翁亭記》傳世。此書於蘇軾雖屬塗鴉，世人亦視之為寶，後輾轉流傳到趙孟頫、高拱等人之手，高拱女婿劉巡與族孫高有聞分別刻石，今高有聞刻石藏於鄭州市博物館。

至於醉翁亭景區，歐陽修守滁後盛極一時，政和年間（1111-1117）開始衰落，宋金戰爭時毀於兵火。紹興二十年（1150）醉翁亭重建後稍有恢復，開禧北伐時又遭金兵焚毀。元代時醉翁亭曾有重修，明代再次興盛，有記載的重建葺治就有七次，並由東而西形成了醉翁亭、二賢祠、馮公祠、寶宋齋、皆春亭、見梅亭等組成的建築群，文人題詠層出不窮。清代醉翁亭景區平穩維持，又毀於咸豐兵亂，清代同治年間（1862-1874）在多方資助下得以重建，二賢祠也變成了歐陽

修、蘇軾兩位文忠公的祠堂（原祀王禹偁與歐陽修）。此後醉翁亭在 1925 年大修，增建醒園，1940 年又毀於日軍侵華，再由琅琊寺僧逐漸整修。新中國成立後，醉翁亭於 1956 年列為省級重點文物保護單位，1961 年建成了歐陽修紀念館，1981 年重刻蘇碑，1983 年新建六一亭，現今的歐陽修紀念館則是 2003 年復建而成的。

1054 歐陽修拜翰林學士

1055 封孔子後人為衍聖公

1056 包拯知開封府

1057 歐陽修知貢舉，取蘇軾等。

1058 韓琦拜相

　　　王安石上書極陳當世之務

1059 濮王趙允讓去世

1060 蘇洵為校書郎

1061 歐陽修參知政事，司馬光知諫院，王安石知制誥，周
　　　敦頤通判虔州。

1062 立趙曙為皇子

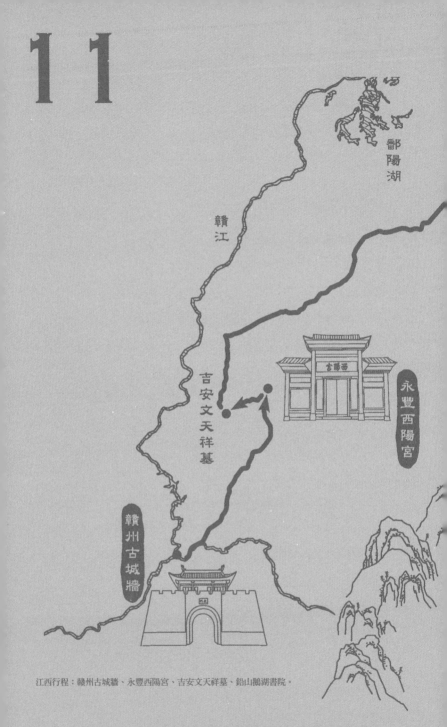

11

鄱陽湖

贛江

吉安文天祥墓

永豐西陽宮

贛州古城牆

江西行程：贛州古城牆、永豐西陽宮、吉安文天祥墓、鉛山鵝湖書院。

離人最累是鄉愁⋯永豐《瀧岡阡表碑》

武夷山

2015 年 4 月，我們開始了江西長途尋宋。

杭州有個挺熱鬧的人造景點宋城，但在我心目中，贛州才是真正的宋城。贛州城內，宋代遺蹟無處不在。在贛州古城牆上找到「熙寧二年」的城磚真讓人激動，何況古城牆上還有鬱孤台、八鏡台，以及宋代遺存的軍門樓。除了令人心醉的宋城，贛州還有文廟、慈雲塔、建春門浮橋、東園古井、蘇軾夜話亭等宋代遺蹟。

在江西，文物往往隱藏在學校裏。贛州的慈雲塔在厚德路小學校園內，夜話亭在贛州第一中學校園內，吉安的白鷺洲書院在白鷺洲中學裏面，永豐縣沙溪鎮的西陽宮又在歐陽修中學。尋訪了這些古蹟之後，我們還探訪了文天祥陵園、淨居寺黃庭堅詩碑、吉州窯遺址、鉛山鵝湖書院等。

宋代江西號稱「文人半天下」，晏殊、歐陽修、曾鞏、王安石、黃庭堅、楊萬里、姜夔、文天祥等都是江西籍文壇巨匠。不過他們當中，晏殊、歐陽修、王安石、姜夔生前就遷居他鄉，死後也未歸葬梓裏，他們雖然是江西籍，身上的江西烙印卻未必深刻，這個現象又以歐陽修最為典型。

一、歐陽修有個哥哥

有些歷史現象，從家長裏短、庸常生活的角度才能解釋清楚。

歐陽修有個哥哥。南宋潁州人王明清寫了部叫《揮麈錄》的筆記，裏面引吉州（今江西吉安）人龍袞《江南野史》的記載，指責歐陽修的父親歐陽觀的生活操守。在娶歐陽修的母親以前，歐陽觀還有一段婚姻，並生下了長子歐陽晰。後來歐陽

觀出婦（離婚），歐陽晟跟着母親生活。等歐陽觀考中進士當了官，歐陽晟來找父親，歐陽觀的態度卻非常冷淡，簡直把他當成奴僕來看待（待以庶人），不願意讓他一起居住，到了冬天，歐陽晟甚至穿不暖和。不過歐陽觀去世時，歐陽修才四歲，還是靠這個不受待見的長子歐陽晟把他收葬在今天的永豐縣沙溪鎮拱江背村瀧岡山。

龍袞的這些說法，王明清雖然抄在自己的筆記當中，卻有點不太相信，他懷疑龍袞可能和歐陽觀或歐陽修有仇，才刻意編造了這些內容。不過歐陽觀出婦這個事情，應該沒有甚麼疑問。因為歐陽觀五十九歲去世時，歐陽修的母親才二十九歲，這顯然不是歐陽觀的第一次婚姻。歐陽修應該參加了父親的葬禮，成年後也跟哥哥見過面。那是他被貶到夷陵，途經鄂州時，派人去請家住在黃陂的兄長歐陽晟一起喝酒，還在晟家住了幾夜。晟家就在長江邊上，還建了一間以「鯈」命名的亭子。「鯈」通「條」，又指江中的白鰷魚或傳說中的魚怪，名字取得很有趣味。兩年後歐陽修離開夷陵時，兄弟倆再次相見，歐陽修遊覽了鯈亭，寫了一篇《遊鯈亭記》，文章稱家兄喜歡讀歷史，心胸開闊，「視富貴而不動」。就是說歐陽晟是個快樂的農民，既不考科舉，也不做生意賺錢，生活怡然自得。

歐陽晟的生活道路很容易被父親歐陽觀鄙視。我們今天可以大膽猜想一下歐陽觀出婦的原因，歐陽觀考上進士時已年近五十歲，就算他晚至三十歲結婚，這時歐陽晟也已成年。公

公雖然是官宦之身，卻早已離世，丈夫長期科考卻不中第，家中只有開銷，幾無收入，眼看孩子成年，做母親的心情可想而知。她或許希望歐陽觀放棄沒有前途的業儒生活，甚至說了一些過頭的，用今天的話說是「傷了知識分子自尊」的話，於是感情破裂了……

歐陽修有時自稱「渤海歐陽氏」，等於把祖先追到了唐朝的著名書法家歐陽詢。大概到了中唐，歐陽修這一支遷徙到吉州。南唐時，他的曾祖父考上進士，又把家搬到了吉州沙溪鎮。他祖父這一輩出仕南唐者已有五人，確立了這個家庭的業儒傳統。歐陽觀在綿州（今四川綿陽）軍事推官任上生下歐陽修，卒於泰州軍事推官任所，去世時沒有留下甚麼財產。父親入葬時，歐陽修應該才第一次回到沙溪。當時老家只有大叔歐陽旦「隱德不仕，事母以孝，為鄉里所稱」。此後歐陽修隨母親往隨州（今湖北隨州）跟着叔叔歐陽曄一起生活。在隨州時，他曾在當地大姓李氏家中借得殘本《昌黎先生文集》，這次借書經歷給他留下了深刻印象。

擺在歐陽修面前的只有科舉業儒這一條路。歐陽修從十七歲開始應舉，天聖四年（1026），通過隨州州試。二十二歲那年，歐陽修去拜訪知漢陽軍胥偃，獲得賞識，並隨胥偃到京城參加科舉。天聖八年（1030），歐陽修崇政殿試中進士甲科，授校書郎，充西京留守推官。然後胥偃把女兒嫁給了歐陽修。結婚兩年後的明道二年（1033），胥氏病卒，年十七。第二年歐陽修娶楊大雅的女兒為妻，十個月後再次喪偶。景祐四

歐陽觀、鄭氏合葬墓

胥楊二夫人合葬墓

年（1037），被貶夷陵的歐陽修迎娶薛奎的女兒，兩人成為終身伴侶。皇祐四年（1052），歐陽修移知應天府，母親鄭氏去世，時年七十二歲。歐陽修將母親與父親合葬，也將胥、楊兩位夫人的遺骸帶回沙溪。今天永豐縣沙溪鎮瀧岡山上還有歐陽氏的家族塋墓，除了歐陽觀、鄭夫人合墓，歐陽修胥楊二夫人的合墓，又有叔父歐陽旦與彭夫人的合墓，以及侄子歐陽通理（歐陽昞子）與江氏的合墓。

當時歐陽修已經在潁州購田定居，安葬母親後便回到潁州為母親守制，在那裏完成了《新五代史》的寫作。又過了二十年，王安石變法期間，歐陽修在潁州去世，年六十六，三年後葬於開封府新鄭縣旌賢鄉（今河南新鄭辛店鎮歐陽寺村）。那裏還安葬着一直生活到元祐年間（1086-1093）的薛氏，以及薛氏所出的四個兒子。

二、六一先生薄吉州

歐陽修曾為韓琦撰寫《晝錦堂記》，韓琦對故鄉相州（今河南安陽）有深厚感情，特別在意晝錦還鄉。歐陽修則完全不同，對吉州的感情有些寡淡，除了安葬父母，似乎從未回過鄉。宋代江西人才輩出，歐陽修對故鄉的態度，引起了同鄉士子的非議。鄱陽人洪邁評論歐陽修的《思潁詩》，就指責歐陽修把潁州當故鄉，以致瀧岡祖墳「無復有子孫臨之」。吉安人羅大經說歐陽修「無回首敝廬、息間喬木之意」。南宋宰相周必大也是吉安人，退休後回鄉居住，有人寫詩慶賀周必大榮

退，還順帶嘲諷歐陽修，說是「六一先生薄吉州，歸田去作潁昌遊。我公不向螺江住，羞殺青原白鷺洲」。

不過，這些非議歐陽修的都是南宋人，當時北方淪陷，他們也沒有機會卜居安葬於京洛地區，北宋遷徙官僚的心境他們恐怕無從體會。宋代的潁州富饒美麗，蘇軾甚至說「未覺杭潁誰雌雄」，用潁州來媲美杭州，可見當時潁州的風致。何況像歐陽修這樣業儒家庭出身的官僚，一生的榮辱恩寵系於朝廷，無論從情感上還是從前途上考慮，在京城附近居住、安葬是他們的共同願望。來自各地的北宋名臣，包括趙普、寇準、陳堯佐、杜衍、龐籍、范仲淹、晏殊、包拯、陳希亮、吳育、范鎮、王珪、鮮于佸、王陶及蘇軾兄弟，無不卜葬河南。開封、洛陽、鞏義、新鄭這些地方，是他們的首選。

歐陽修定居潁州後，瀧岡祖墳「遂無復有子孫臨之」，便把祭掃墳塋之事拜託給附近西陽觀的道士。西陽觀創建於唐代貞觀三年（629）以前，為避父親名諱，歐陽修奏請朝廷，將「觀」改「宮」，西陽宮也隨之成為歐陽修父母的墳院。西陽宮正門上「西陽宮」三個字傳為康熙帝御筆，而門後的「柱國塚宰」傳為文天祥手書，西陽宮內的主建築為歐陽文忠公祠，這是一個四合院式的建築，內部有歐陽修的塑像，還有歐陽一族的世系表。出門左側是一幢兩層小樓，裏面陳列的正是我們此行的目的——全國重點文物保護單位《瀧岡阡表碑》。

歐陽文忠公祠堂始建於歐陽修去世後，淳熙十三年（1186）重建，現存為清代乾嘉年間（1736-1820）的建築。祠

江西永豐縣沙溪鎮的西陽宮

西陽宮內的歐陽文忠公祠

左的瀧岡阡表碑亭也始建於宋，現在是 1960 年省文化局重建的兩層重簷歇山式仿古建築。除《瀧岡阡表碑》之外，祠堂又收藏有《重修西陽宮記碑》等。祠右則有瀧岡書院，元代始建，清代重修。瀧岡書院後面又有文儒讀書堂，民國時期改為沙溪高等小學，直到 1990 年代併入創辦於 1957 年的歐陽修中學。

三、《瀧岡阡表碑》

與《醉翁亭記》一樣，《瀧岡阡表》也是入選《古文觀止》的文學名篇，與韓愈《祭十二郎文》、袁枚《祭妹文》並稱三大祭文。傳說歐陽修自悔書不成體，從未書碑，只有《瀧岡阡表碑》（包括碑陰）是親自書寫。歐陽修又在青州選石鐫刻，派人護送至西陽宮建亭立碑。阡表就是墓表，立於墓室之外，歐陽修此文用於紀念父母恩情。由於少孤，父親的形象全賴母親的描述構建起來，對母親的深情則是溢於言表。這篇祭文在父母合葬後不久即已寫成，原題為《先君墓表》，但歐陽修在將近二十年後精心改寫成《瀧岡阡表》後才書碑立石。一代文豪歐陽修對於作文確實是精益求精，不惜反覆修改，《瀧岡阡表》即是範例，但修改文字幾近二十年才稱心如意，顯然不合常理。

其實歐陽修在文中交代了拖延原因，他說父親安葬六十年後才立碑，「非敢緩也，蓋有待也」。他在等待甚麼呢？等待實現母親對他的期待。因為自幼母親就跟他說，「你父親廉

潔，俸祿微薄，死後甚麼都沒有留下，我之所以守節茹苦，精心培養你，完全是因為你父親對你有很高的期待」。這樣的恩情是歐陽修汲汲於報答的，但母親去世時，歐陽修的官職不過龍圖閣直學士、尚書吏部郎中、南京留守，朝廷對父母雖然也有所封贈，但歐陽修還不滿足。改寫《瀧岡阡表》時，歐陽修的結銜已是「男推誠保德崇仁翊戴功臣、觀文殿學士、特進、行兵部尚書、知青州軍州事、兼管內勸農使、充京東東路安撫使、上柱國、樂安郡開國公、食邑四千三百戶食實封一千二百戶」，父母的封贈已是「太師」、「國公」級別。他終於可以驕傲地寫道：

> 又八年，修以非才入副樞密，遂參政事。又七年而罷。自登二
> 府，天子推恩，襃其三世，蓋自嘉祐以來，逢國大慶，必加寵

《歐陽氏世次碑》

錫……皇考崇公累贈金紫光祿大夫、太師、中書令兼尚書令。皇妣累封越國太夫人。今上初郊，皇考賜爵為崇國公，太夫人進號魏國。

無論《瀧岡阡表》做了多少文學上的改進，不得不承認，以上職官與封贈才是與《先君墓表》最大的區別，也是二十年來歐陽修內心真正的期待。

至於碑陰歐陽氏世次碑則是另一個故事。這是歐陽修改寫《瀧岡阡表》前不久所撰的《歐陽氏譜圖序》及譜圖，也由他親自書碑，記載歐陽氏子孫遷徙及世系傳承。如前所述，歐陽氏遷居沙溪不過三代，族人多業儒宦遊，在當地並無穩定的宗族組織，廬陵以前的世系更是難以追蹤。「六一先生薄吉州，歸田去作潁昌遊」，歐陽修一生可能只來過兩次沙溪，尋根問祖不過是紙面上功夫，譜圖的內容更是錯誤百出。不過歐陽修並不虛偽，他熱衷於集古事業，對構建世家大族並不熱心。歐陽修認為，宗族重建，五世則遷便可，旁系別支，不必一一俱錄。根據他倡導的這種「小宗之法」，族譜世系五世為限，五世以後別立世系。這種後世族譜常見的譜系體例，正是他與學生蘇軾這兩位遷徙官僚所創，世稱「歐蘇譜法」。

1063 宋仁宗去世，趙曙繼位，是為宋英宗。

1064 曹太后還政，宋英宗親政。

1065 濮議之爭

　　歐陽修等編《太常因革禮》

1066 詔司馬光修《歷代君臣事跡》（《資治通鑑》）

　　立趙頊為太子

1067 宋英宗去世，趙頊繼位，是為宋神宗。

　　西夏李諒祚去世，子秉常繼位。

1068 王安石越次入對

　　韓琦知相州

1069 王安石參知政事，行均輸法、青苗法。

1070 行保甲法、免役法。

　　歐陽修知蔡州，號「六一居士」。

　　司馬光出知永興軍

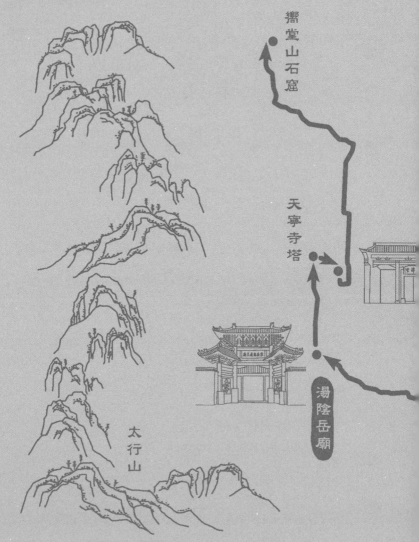

12

響堂山石窟

天寧寺塔

湯陰岳廟

太行山

安陽行程：濮陽《回鑾碑》、湯陰岳廟、天寧寺塔、安陽晝錦堂、響堂山石窟。

韓琦富貴歸故鄉⋯安陽畫錦堂

濮陽《回鑾碑》

2015 年 9 月 10 日，參觀完濮陽《回鑾碑》，我們還趕到湯陰尋訪岳飛廟。第二天，我們在安陽遊覽殷墟與袁林，又在天寧寺塔與韓琦的畫錦堂尋宋。史籍記載，岳飛「相州人，為韓魏公家佃戶」，因此鄧廣銘在《岳飛傳》中說，當岳飛「已能勝任農業方面的一些操作技術時，他便到相州安陽縣的畫錦堂韓家做了一名莊客」。現在的湯陰是安陽市的屬縣，湯陰岳廟距畫錦堂僅二十公里。岳飛與韓琦的孫子韓治是同時代人，韓治曾知相州，韓家無疑是當時安陽地區最有權勢的官僚大地主。而且韓氏與皇家聯姻，是兩宋最顯赫的外戚與世族，到了南宋，韓氏子孫韓侂胄更是權傾一時。

像韓琦這樣重要的宋代政治人物，當然被我們列進了最初的尋宋提綱，但在制訂跨越冀、豫兩省的尋宋行程時，畫錦堂被遺漏了。我們在前往殷墟途中看到旅遊景點指引牌時才意識到這一點。這個疏忽令人慚愧，也顯示了歷史記憶的奇妙。韓琦與范仲淹、歐陽修同時代，政治地位遠超范、歐二公，但歷史地位卻不能與後兩者相提並論。這不奇怪，畢竟道德文章才是中國式歷史構建的核心。

一、「四絕碑」

葛邏祿是六至十三世紀中亞的一個部族，講突厥語，居住在阿爾泰山之西，今天烏茲別克族及維吾爾族的祖先之一。在元朝，包括葛邏祿在內的西域及更西的各民族，被統稱為色目人，一般認為他們的政治地位高於漢人。雖然蒙古統治者拒絕漢化，但在大一統時代，漢文化對各族人民仍有很強的吸引力。元初，葛邏祿人廼賢進入中原，後隨兄來到浙江，定居鄞縣，曾任東湖書院山長、翰林國史院編修等職。元代至正五年

（1345），廼賢從浙江渡淮河，在黃河流域及北方各地訪古，注重對古代城郭、宮苑、寺觀、陵墓等遺蹟的考察。他搜尋古碑名刻，撰成《河朔訪古記》十六卷，突破宋代金石學單純考訂文字的傳統，還被認為是明代旅遊專著興起的一個源頭。

雖然《河朔訪古記》早已佚失，但今天仍能從《永樂大典》中輯得一百三十餘條，編成三卷《河朔訪古記》殘本，其中保留着對安陽韓琦祠的考察報告。安陽在宋代稱相州，金朝升為彰德府。廼賢稱，彰德城的晝錦坊有宋朝宰相韓琦的祠廟，俗稱韓王廟，規模宏偉，「重門修廡，中為大殿」，大殿中間有韓琦的塑像，「袞冕龍榻」，兩邊有「侍從之臣相向拱立」，十分威嚴，有「廟堂氣象」。

韓王廟最早是生祠。宋神宗繼位後，任用王安石變法。韓琦認為王安石文筆不錯，是當翰林學士的絕佳人選，但不適合當宰相主持朝政。韓琦不知道，在年輕的宋神宗及「超邁絕倫」的王安石眼中，「兩朝顧命定策元勳」的他早已落伍。在宋仁宗的永厚陵修成之後，第二次擔任山陵使的韓琦再次辭相，回到家鄉相州。半年之後，因河北地震、水災，朝廷緊急任命韓琦出鎮大名府。此後變法陸續展開，韓琦在大名府堅決抵制青苗法等。韓琦出知大名府時，相州民眾不捨，為其修建生祠。廼賢發現，宋朝中書舍人王覿為韓王廟撰寫的廟記碑刻已毀於兵火，他看到的是高書訓的元朝重建韓琦廟碑。

韓琦廟最重要的文物是《晝錦堂記碑》，但晝錦堂本不在韓琦廟。至和元年（1054），出鎮并州的韓琦操勞過度，重病

纏身，請求朝廷派太醫齊士明為其治療，隨後又在齊士明建議下請求回相州家鄉靜養。韓琦的這些請求有點過分，但宋仁宗都一一滿足。至和二年（1055），韓琦第一次出知相州，並在相州署衙拓建園池，包括康樂園與晝錦堂。

第二年，韓琦被朝廷召回京師，開始了他十年之久的宰相生涯。其間，韓琦為確保宋英宗與宋神宗順利繼位，挺身而出，兩次立下顧命定策之功。宋英宗繼位之初，甚至提出由韓琦攝政，自己為宋仁宗服孝，雖然只是客氣，也足見他對韓琦的倚重。後來新皇帝犯了精神病不能理政，又與曹太后多生牴牾，韓琦先請曹太后聽政，又請曹太后還政，為宋廷度過各種政治危機操碎了心，這是韓琦政治生涯最嚴峻、也最志得意滿的時刻。就在這個時期，韓琦請政治盟友歐陽修為相州的晝錦堂撰寫記文，又請最負盛名的書法家蔡襄書丹，請龍圖閣學士邵必篆額，並於治平二年（1065）三月十三日勒石刻碑，《晝錦堂記碑》也因歐陽修、蔡襄、邵必合力製作而稱「三絕碑」。

廼賢在《河朔訪古記》中稱《晝錦堂記碑》為「四絕碑」，這是因為現存的《晝錦堂記碑》並非治平二年刊石的原物，而是「至元間再模而刻」，並在碑陰復刻司馬光的《北京韓魏公祠堂記》。現在各種資料中都說原碑如何毀壞不得而知，然而這個問題值得深究。晝錦堂建成之時即成為著名景點，宋室南渡之後仍完好無缺，金朝一位貴人還曾進一步「修飾之」。在這以後究竟發生了甚麼，導致《晝錦堂記碑》被毀呢？

二、晝錦堂

韓琦在相州衙署後圃修築園林，後經子孫擴建，除晝錦堂外，又建有忘機堂、狎鷗亭、觀魚軒、榮歸堂、魏台（假山，又稱高台）等建築景觀。明初，原來的宋代衙署仍是彰德府署，但統稱晝錦堂的園林可能已經衰敗，後來被佔為藩王（趙王）府。到了清代，原來晝錦堂的位置建起了佛寺，即現在的高閣寺。因此宋代晝錦堂的遺址在今安陽市文峰中路高閣寺一帶，原來的衙署則變成了關帝廟。

明代晝錦堂被藩王府佔據之後，又被知府馮忠移建於韓王廟東側，即今安陽市東南營一帶，規模格局一仍其舊。清代移建的晝錦堂又改為晝錦書院，廢科舉之後演變為中學，直到1967年焚毀。元代復刻的《晝錦堂記碑》，後來久埋於地下，清順治年間才從鼓樓西出土，移立於韓王廟。

韓王廟就是韓琦出鎮大名時相州民眾為他建的生祠。當時韓琦在大名抵制王安石變法，毫無效果，心灰意冷，又疾病纏身，不斷請求還判相州，四年後終於獲得允准。韓琦在相州又過了兩年，因邊事緊張，宋神宗手詔向韓琦等老臣詢問對策。韓琦寫了兩千多言慷慨激昂的奏議，批評王安石的新政以及開邊的舉措。但他並不知道，這些主張遭到了宋神宗與王安石的嘲諷。數月之後，即熙寧八年（1075）五月，韓琦去世，享年六十八歲。

韓琦是北宋從慶曆新政到熙寧變法時期最重要的政治人物。他當政的十餘年間，主要精力都在處理繼承人及政權穩定

等問題，無暇顧及政治改革。韓琦作為「兩朝顧命定策元勳」名垂史冊，但他老練而務實，與那種抱負遠大的政治家形象似乎保持着一定的距離。穩健的作風，使他有機會構建起宋朝歷史上最顯赫的世家大族。雖然宋朝倡導宗族復興的名士是范仲淹、張載、程頤等人，但他們的家族勢力完全不能與韓琦相提並論。宋史學界對韓琦的研究並不熱鬧，但陶晉生、王曾瑜兩位大家都寫過韓琦家族的專題論文。

相州韓氏的歷史可以追溯到中唐，這一家族原籍在深州博野（今屬河北保定）。唐末藩鎮割據，文人多事幕府，韓氏家族四代都是成德節度使王氏軍閥的幕僚，一直到韓構遷居相州。韓構是韓琦的祖父，入宋後曾知康州（今廣東肇慶德慶），卒於治所。韓琦的父親韓國華十九歲登進士第，曾知泉州。韓國華六子，其中韓琚、韓璩、韓琦三人登科出仕。韓琦

是幼子，韓國華去世時韓琦年僅四歲。韓琦官至宰相後，韓國華也被追贈太師，富弼為他撰寫的神道碑至今立於安陽市珍珠泉景區附近的井家莊村。

韓琦的妻子出自鄢陵崔氏。鄢陵崔氏是唐代衣冠甲族清河崔氏的一支，晚唐以來崔氏早已式微，士族通婚的舊規早已無從談起。崔氏的父親崔立也是進士出身，官至工部侍郎。韓、崔結合，是宋代科舉士大夫之間的正常聯姻。韓琦六子，長子韓忠彥在徽宗朝任宰相，其妻出自宰相呂夷簡家族。四子韓純彥也中進士，妻子是知樞密院事孫固的女兒。五子韓粹彥恩蔭出身，娶資政殿學士陳薦之女。幼子韓嘉彥尚宋神宗第三女唐國長公主而拜駙馬都尉。整個韓氏家族聯姻遍及整個宰執群體，聯姻對象包括李昉、王曾、文彥博、魯宗道、劉安世、吳充、鄭億年、李清臣、蔡京、秦檜等。

韓氏子孫在宋徽宗時已是遍佈官場，甚至還有「世選韓氏子孫一人官相州」的優待，幾乎跟聖人孔子看齊。韓琦之後，韓氏子孫中的其中兩支將韓氏家族的政治影響力一直延續到南宋。一支是韓忠彥—韓治—韓肖冑。韓忠彥在徽宗朝官至宰相，但受到曾佈的排擠，蔡京也不顧與韓氏的親家情面，將韓忠彥、韓治父子打成元祐黨人。韓琦總算對先帝有恩，又是皇親國戚，宋徽宗下詔免除韓氏父子的黨爭之累。韓治及其長子韓肖冑相繼知相州，在晝錦堂增建榮歸堂和榮事堂。宋室南渡後，韓肖冑出使金國，並首次帶回了金使。秦檜主持簽訂《紹興和議》，韓肖冑又以簽書樞密院事充大金奉表報謝使。顯

然，直到韓肖胄時代，金人都沒有理由破壞畫錦堂及附屬的碑銘。另一支是韓嘉彥—韓誠—韓侂胄。韓肖胄有曾孫女被選入宮，後來成為宋寧宗的皇后，而宋寧宗是韓嘉彥的孫子韓侂胄在一次政變中扶立的。韓嘉彥是宋神宗的駙馬，他的兒子韓誠娶了宋高宗吳皇后的妹妹，與宋高宗結成了連襟。韓誠的兒子韓侂胄就是吳皇后的外甥，並娶了吳皇后的姪女，以皇親國戚蔭補武階，任知閣門事，可以出入後宮。宋光宗與太上皇宋孝宗失和，又得了精神病，宋孝宗去世，宋光宗竟不能持喪，引發朝局震盪。宗室大臣趙汝愚通過宦官關禮及後戚韓侂胄，與太皇太后吳氏密謀廢除宋光宗，立其子宋寧宗，史稱紹熙政變。此後，韓侂胄排擠趙汝愚，壟斷朝政，廢黜理學，並發動對金國的戰爭，史稱開禧北伐。韓侂胄專權十四年，當時有趙氏宗室感歎「路人莫作皇親看，姓趙如今不似韓」。陸游因為主戰，也曾讚美韓侂胄，稱韓琦同時代的名臣大族百年以後無不「寂寥無聞」，只有「韓氏之昌，將與宋無極」。這一切當然是三朝元老韓琦的恩澤，從世家經營的角度講，韓琦無疑是宋朝頭號人生贏家。

可惜宋軍在開禧北伐中戰敗，韓侂胄成為破壞宋、金和議的罪人。於是韓侂胄被政敵們——楊皇后、楊次山（外戚）及史彌遠聯手殺害，首級被函送金國。元代以前《畫錦堂記碑》曾遭毀壞，理論上講遭毀壞的時間應該就在開禧北伐的開禧三年（1207），距韓琦出生的大中祥符元年（1008）已有二百年了。

三、韓王廟

韓魏公祠俗稱韓王廟，最早是熙寧年間（1068-1077）依商王廟而建的韓琦生祠，現在與晝錦堂一同被列為全國重點文物保護單位。商王廟是紀念商王河亶甲的祠廟，傳說河亶甲葬於此處，韓魏公祠大殿東側至今仍有商王廟及元代的商王廟碑。韓王廟可能毀於宋金戰爭，元代重建，現存祠廟大殿仍保留元代梁架結構。大殿內外的「器博道宏」與「適時濟物」匾，據說是庚子之變時慈禧太后和光緒帝從西安返京，路過安陽拜謁韓王廟時題寫的。

從商王廟前往晝錦堂，其間有碑亭，亭內立有《晝錦堂記碑》、《榮事堂記碑》、《醉白堂記碑》、《重修宋忠獻王晝錦堂碑亭記碑》四通碑銘。其中《榮事堂記碑》是由趙鼎臣撰文，宣和元年（1119）立石，碑文斑剝難辨。蘇軾撰文的《醉白堂記碑》是明代重刻，《重修宋忠獻王晝錦堂碑亭記》碑刻則是清代的產物。為了保護古碑，碑亭砌牆上鎖，不對外開放，亭外的《晝錦堂記碑》是新近的複製品。不過從碑亭窗縫仍可張望《晝錦堂記碑》蔡襄的書法，人稱蔡襄書法「端重嚴勁，絕類魯公（顏真卿），宋人稱為本朝第一，信不虛也」。宋代書法以蘇、黃、米、蔡為四大家，蔡或謂襄，或謂京。蔡襄書法盛名一時，講求唐人法度，與蘇、黃、米書法的文人意態絕不相同。《晝錦堂記碑》的書寫並非一氣呵成，而是一紙一字反覆琢磨，裁截佈列，連綴而成。碑亭往東是晝錦堂遺址，1967年毀於火災之後尚未修復，如今僅剩古槐、破敗的清代建築圣

安陽商王廟

安陽韓魏公祠

尋宋：讀史訪古十萬里

樓，以及大量破損的石刻碑銘。

　　論宋代歷史人物的知名度，韓琦遠不及包拯、范仲淹、王安石、蘇軾、司馬光等人。但就門第賡續而言，相州韓氏可謂是宋代士族第一家。兩宋能與韓家媲隆者當數鄞縣（今屬浙江寧波）史氏，其核心人物正是謀害韓侂冑並取而代之的史彌遠，他是南宋最成功的權相。史氏家族墓地上的二百餘尊石像生，如今集中陳列於寧波東錢湖畔的南宋石刻公園。宋亡之後，色目人廼賢正是從鄞縣出發，前往河朔尋碑訪古，考察韓王廟及《晝錦堂記碑》的。

　　此外，安陽又有韓琦家族墓園。由於南水北調工程的建設，2009 至 2010 年間，安陽市文物考古研究所對安陽市皇甫屯村的韓琦家族墓園進行考古發掘，發現韓琦及其妻、子、孫的磚石墓室九座，墓誌九方。發掘完成後，又將墓地向南整體遷移三百米後復建。

1071 立太學三舍法

歐陽修致仕，居潁州。

1072 行市易法、保馬法。

歐陽修去世

1073 韓琦判相州

周敦頤去世

1074 鄭俠上《流民圖》

司馬光言新法不便，王安石罷相。

1075 王安石復相

頒王安石等修《詩》、《書》、《周禮》三經義，以為科

舉標準。

韓琦去世

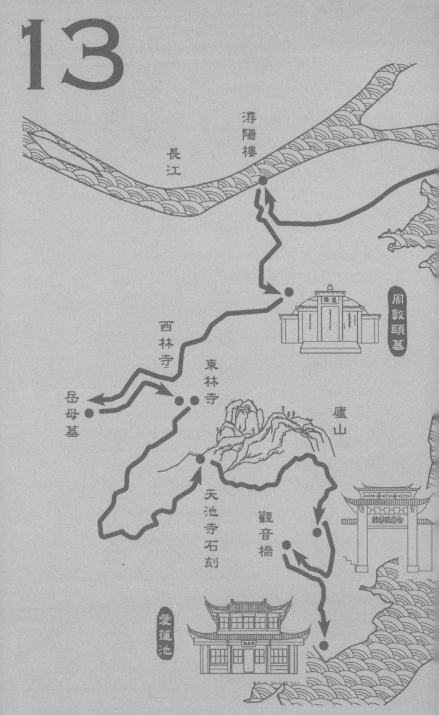

13

長江

潯陽樓

西林寺

東林寺

岳母墓

周敦頤墓

盧山

天池寺石刻

觀音橋

愛蓮池

九江行程：石鐘山、潯陽樓、周敦頤墓、岳母墓、西林寺、東林寺、天池寺石刻、白鹿洞書院、觀音橋、愛蓮池。

石鐘山

製造周敦頤⋯廬山愛蓮池

廬山是傳統文化的地標。這裏是「虎溪三笑」的發生地，東林寺與白鹿洞書院的所在，也是陳寅恪的歸葬處。「不識廬山真面目，只緣身在此山中」意味着蘇軾獲得佛教印可，成為禪宗法嗣。不過包括廬山在內，整個江西在旅遊市場都顯得相當低調。對我們的尋宋之旅來說，廬山所在的江西九江則是要緊的一程，這裏有很多重要但鮮為人知的宋代遺蹟。

2018年4月的九江尋宋，除了周敦頤墓與愛蓮池，我們要去的宋代遺蹟還有觀音橋、落星墩及潯陽樓。觀音橋建於大中祥符七年（1014），拱圈保存眾多清晰題刻，在所訪眾多宋橋中實屬難得。上廬山之前，我們遊覽了石鐘山、岳母墓及東林寺、西林寺，參觀白鹿洞書院則是在下廬山以後。石鐘山現存主要是清代建築，蘇軾遺蹟已無處可尋。據李常生先生介紹，現在大家去看的石鐘山是「下石鐘山」，蘇軾去的石鐘山接近「上石鐘山」，現為軍事管制區。至於岳母墓，雖然牽動着南宋初期的政治風雲，又有舒同題匾、宋平題字，但終究無人問津。

廬山尋宋的意外收穫，是偶遇天池寺石刻。天池寺石刻又稱「照江崖」，以王陽明《夜宿天池寺》詩刻聞名。但王陽明詩刻被擠在一邊，該崖石主體部分在嘉定年間（1208-1224）已有題刻，作者是宗室大臣趙汝愚的兒子趙崇憲。清代《廬山志》記載，天池寺有「天池塔，在山頂，宋丞相韓侂胄建，今半頹」，又稱「趙忠定公汝愚祠，在山麓，以祀忠定公與其父母，莫知所由始，今廢」。就是說，天池寺曾有趙汝愚的祠堂，來歷不詳，清代已廢。而石刻的內容，正是趙崇憲派其子趙必罣祭奠先祖，並期待他日「吏責少寬」便來修葺祠堂。

至於周敦頤隱居廬山這回事，本來並不起眼，但世事難料……

一、周敦頤墓

1983 年 5 月，一位北京大學日本留學生開啟了「漫長的獨自旅行」，他從北京出發，經江蘇六城、上海、江西九江、湖北漢口，然後返回北京。前往九江主要是尋訪周敦頤墓，但在路上聽說「現在就算去的話，因為甚麼都沒有了，所以找都找不到」。最後留學生還是找到了墓地，看到的情形是「周圍雜樹叢生，建築物也已不復存在，只剩下滿地的殘垣斷瓦」。他十分感慨，「展現在眼前的風景，與隨身帶來的常盤著作影本上的截然不同」，欣慰的是，「從墓地往南遠眺廬山的風景，確實非常美麗」。

所謂常盤著作，就是 1922 年常盤大定在中國各地考察後編寫的《支那文化史跡》。書中照片（影本）保留了清代光緒年間（1875-1908）彭玉麟等人修復周敦頤墓的盛況，常盤大定當時感歎說，「墓非常氣派，在儒家學者的墓中能有如此雄偉規模的，恐怕非常罕見」。常盤大定所見周敦頤墓於 1959 年列為江西省文物保護單位，但在「文革」中被破壞殆盡。「文革」結束後，周氏後裔為重建墓地四處奔走。1998 年和 2004 年，香港周氏宗親會、周氏後裔修墓委員會分別募集資金，在九江市政府支持下，周敦頤墓地得到了全面修復。

二十八年後，這位名叫吾妻重二的留學生已經成為知名學者。2011 年 10 月，吾妻重二參加在廬山白鹿洞書院召開的「朱子學國際學術會議」，順道重訪周敦頤墓。他驚奇地發現，新墓基本恢復了清代宏偉的規模。雖然明清文物蕩然無存，但

二十世紀六十年代遭受破壞時，周敦頤母親鄭氏的《仙居縣太君墓誌銘》被挖掘出來，現在陳列在墓地展覽館，「這幾乎就是周敦頤墓唯一遺留至今的原物，無比珍貴」。吾妻重二還驚奇地發現，展覽館介紹，周樹人（魯迅）兄弟、周恩來等都是周敦頤的後裔，愛蓮堂匾額還是周恩來題寫的。

　　周敦頤墓的宏偉規模，是太平天國運動期間被徹底破壞以後，湘軍將領羅澤南、彭玉麟等人擴建的結果。墓原來的規模不大，明代弘治年間（1488-1505），九江府知事修復雜草覆蓋的墓地時，才新築了愛蓮堂並鑿池植蓮。進一步追溯歷史，若不是南宋朱熹對周敦頤的極力推崇，周敦頤墓非但不會有祭室（祠堂）與祭田，恐怕連墓地也早已湮滅。

周敦頤墓園

周恩來題匾的愛蓮堂

二、歸隱廬山

周敦頤寫過一篇《愛蓮說》，是初中就要背誦的課文，在中國家喻戶曉。不過，吾妻重二相信周敦頤對整個東亞文化都有深遠的影響，他說韓國國旗的太極圖來源於周敦頤的《太極圖說》，越南國花蓮花也受到《愛蓮說》的影響，甚至日本人推崇的「灑落」人格也出自黃庭堅對周敦頤的誇獎，「舂陵周茂叔，人品甚高，胸懷灑落，如光風霽月」。

周敦頤「人品甚高，胸懷灑落」，特指他五十五歲時辭官（提前退休）歸隱廬山這一舉動。不過周敦頤歸隱之計十多年前就已形成。他在合州（今重慶合川）做官四年期滿之後，往京城開封改官，路經江西時有廬山之行。第二年（嘉祐六年，1061），也就是蘇軾參加制科考試一舉成名的時候，周敦頤得到通判虔州（今江西贛州）的新職務。他在赴任途中再次遊覽廬山，便萌發了在廬山定居的念頭，在蓮花峰下購置地產，在小溪旁修築濂溪書堂。十年之後（熙寧四年，1071），周敦頤在廣南東路（今廣東廣州）負責監察司法，聽說母親在潤州（今江蘇鎮江）的墳塋被水沖垮，便請求調任知南康軍。南康軍治所星子縣現今已並入廬山市，離廬山北麓蓮花鎮周家灣的周敦頤墓不過二十五公里，周敦頤的調職請求就是為歸隱廬山而準備的。他在這年八月赴南康軍，十二月將母親改葬廬山北麓，然後以多病為由辭官歸隱。在周敦頤的人生軌跡中，這一走真是風輕雲淡，歲月靜好——當時宋廷正值多事之秋，新法遭到各地激烈抵制，內外戰事不斷發生。

這一年，司馬光罷歸洛陽才是轟動士林的大事件，周敦頤歸隱廬山恐怕沒有引起任何人的注意。周敦頤並不反對王安石變法，周敦頤的小舅子蒲宗孟是變法派的重要成員，他說周敦頤的家書中經常「稱美熙寧新政」。朱熹極力推崇周敦頤，但周敦頤支持熙寧變法令他無法接受，於是刪改蒲宗孟與潘興嗣撰寫的周敦頤墓碣與墓誌銘，改編了周敦頤的生平事跡。

　　周敦頤是否關注朝中新法引起的政爭？他對新法的態度究竟如何？他的致仕隱退是否與新法存在某種關聯？或許京城無休止的政治鬥爭絲毫不曾觸動他灑落的內心，或許他早已勘破黨爭之禍所以及早抽身，但這些都不重要。歸隱後僅一年，周敦頤便離開了紛擾的世界，「多病」恐怕是他辭官的真實理由。周敦頤跟小他四歲的王安石曾有過一面之緣，那是嘉祐五年（1061）在京城，他們大概討論了宇宙邊界、時間形狀之類的抽象問題。王安石學問再好，志趣再高潔，也抵擋不住這麼古怪的議題。據說，他們一連聊了幾個日夜，然後王安石冥思苦想，一度處於不食不眠的狀態。

　　此後，周敦頤到江西、湖南一帶任職。王安石變法開始後，周敦頤獲得重要升遷，被派到廣南東路擔任王安石特別重視的財政與法律方面的職務。作為絕無機會參與朝廷政爭的地方官員，周敦頤抵制新法的可能性幾乎是零。不過即便贊成新法，周敦頤的抱負也不在官場，畢竟晝錦還鄉不是為他這種沒有科舉功名的邊緣人準備的。

陽動　陰靜

火　水

土

木　金

乾道成男　坤道成女

萬物化生

周敦頤太極圖

韓國國旗

越南航空 logo

三、十八線明星

周敦頤的舅舅鄭向官至知制誥、龍圖閣學士，周敦頤因舅舅恩蔭入仕，好像沒有考過科舉，這在宋代基本屬於不思上進。他的母親鄭氏與父親周輔成都是二婚，在天禧元年（1017）生下周敦頤。周敦頤出生兩年前，父親考中進士，不過是個特奏名，這是朝廷對屢試不中者的一種補償，就是說周輔成連考六次都沒考上，朝廷給了一個安慰獎。這樣的進士當然不值得炫耀，也注定了周輔成一輩子在偏遠地區當小官，他去世時不過是賀州桂嶺縣（今廣西賀州桂嶺鎮）的縣令。

父親去世後，周敦頤和母親跟着舅舅生活。他本名惇

實，因避英宗諱改惇頤，南宋時又因避光宗諱改敦頤。他名字中的「惇」其實是鄭家表兄弟的字行。舅舅將周敦頤的工作與婚姻都安排妥當，不久和周敦頤的母親相繼去世。周敦頤是道州營道縣（今湖南道縣）人，母親卻隨舅舅葬在潤州，周敦頤也在當地鶴林寺中守制讀書。當時十七歲的王安石跟着父親在江寧（今江蘇南京）讀書，他這時拜謁周敦頤遭拒的故事恐怕只是後人的附會。

康定元年至嘉祐六年（1040-1061）的二十年間，周敦頤宦遊各地，從縣主簿做到通判。嘉祐六年至熙寧四年（1061-1071）的十年間，周敦頤從通判做到知軍州，這時王安石已官拜宰相了。對於沒有進士出身的官員來說，知軍州級別就是天花板，周敦頤的任職地局限在贛、湘、渝、粵等宋朝的偏遠地帶，與貴重或繁華的京畿、東南地區幾乎絕緣。

宋朝官場上沒有進士出身，好比混跡學界沒有博士學位，注定要被邊緣化。這種情況下人最好有些特殊愛好，既能填補內心空虛，又便於構建自我認同。能寫出《愛蓮說》的周敦頤既灑落又孤高，平時喜歡思考宇宙、生命之類的終極問題，這讓他顯得很獨特，有時會刺激到別人，但他的與眾不同也具備了一種特別的吸引力，比如北宋兩大思想家程頤與王安石都深受周敦頤的影響。但周敦頤地位太低，程頤、王安石忙着構建自己的思想體系，不會在著作的前言和後記裏提及周敦頤這個名字，遑論將周敦頤認作自己的授業之師了。

話說「華夏民族之文化，歷數千載之演進，造極於趙宋之

世」。在范仲淹、歐陽修、王安石、蘇軾這些名字構成的璀璨星空中，周敦頤並不引人注目。一百年後，周敦頤成為夜空中最亮的星，完全是因為朱熹孤獨的心底需要亮光。不過在朱熹以前，周敦頤已經從十八線明星升格為三線明星，主要推手是他的兩個兒子，他們竟然跟程頤的冤家——大文豪蘇軾、黃庭堅有一段「親如兄弟」的友誼。怪不得程頤對少年時代的啟蒙老師如此不恭敬，朱熹完全不顧理學祖師爺的感受，非得給程頤安一個業師周敦頤——只能說理學思想史也很戲劇化。

四、茂叔有子，良不誣也

慶曆四年（1044），范仲淹主持新政之時，在偏遠的南安軍（今江西大餘），兩位沒有科舉功名的地方官相遇了。一位是程顥、程頤兄弟的父親程珦，他知興國縣，又兼任南安軍通判，另一位就是南安軍司理參軍周敦頤。程珦年長周敦頤十歲，又算是上司，便讓周敦頤經常輔導一下兩個兒子的功課。周敦頤見程珦也沒考過進士，倒有幾分自信，便常帶着少年二程，說一些顏子安貧樂道、孔子也沒考過科舉之類的話。結果程頤深受影響，果然沒考上進士。後來給哥哥程顥寫行狀，程頤說哥哥「自十五六時，聞汝南周茂叔論道，遂厭科舉之業，慨然有求道之志」。其實他哥哥是考中進士的，程頤說這種話，只想說明自己少有大志。他對周敦頤從不稱「先生」，直呼平輩間的表字「茂叔」，有時還蔑稱他為「獄掾」、「窮禪客」，總之不認這個老師。

離開南安軍之後，周敦頤與程珦一直保持着聯系，程頤也不可能把周敦頤遺忘。既深受影響，又出言不遜，給後來的朱熹出了道難題。當然這其中的原因很複雜。周敦頤辭官歸隱時，原來參與變法的程顥與王安石鬧僵。周敦頤去世時，二程兄弟是洛陽反對派中的中堅力量。更嚴重的是，宋神宗去世，洛陽的反對派領袖司馬光當權，程頤當了新皇帝宋哲宗的老師，蘇軾回到朝中當了翰林學士。結果司馬光剛去世，程頤就跟蘇軾鬧翻，蘇軾與周敦頤的共同朋友孔文仲彈劾程頤，程頤回到洛陽。不久，蘇軾也離開京城來到杭州。

　　蘇軾再次到杭州任職是元祐四年（1089），這時周敦頤的兒子周燾也在杭州，兩人一起遊玩，「親如兄弟，倡酬詩甚多，著有《愛蓮堂詩文集》，人稱茂叔有子，良不誣也」。這些話大致屬實，不過包括吾妻重二在內的不少人認為，周燾當時在杭州的職務是兩浙轉運使，這絕無可能。周燾是周敦頤的第二個兒子，續弦蒲氏嘉祐七年（1062）所生。蘇軾知杭時周燾年不過三十，剛剛考中進士，絕無可能擔任轉運使這樣的方面大員。周燾在杭州經常與蘇軾一起拜訪辯才和尚，元祐八年（1093）還寫過一篇《普向院多寶佛塔記》，追述在杭州的快樂時光。當時周燾的職務是知貴池縣（今安徽池州），那麼他在杭州的職務就不可能高於知縣，很可能是杭州屬縣的縣尉、主簿一類。然而正是通過其子周壽、周燾，周敦頤確立了他在蘇軾朋友圈中的地位。蘇軾寫過一篇《故周茂叔先生濂溪》，說「先生豈我輩，造物乃其徒」，以至《宋元學案》認為蘇軾

是周敦頤的私淑弟子。周壽則是蘇門學士黃庭堅的好朋友，所以黃庭堅在《濂溪詞並序》中讚美周敦頤「人品甚高，胸懷灑落，如光風霽月」。至於程頤，他創立的理學（洛學）在當時還不能跟荊公新學或蘇學（蜀學）抗衡，雖然看不上周敦頤，周壽、周熹兄弟卻也可以完全無視程頤的存在。

五、愛蓮池及劉凝之墓誌銘

　　淳熙六年（1179）三月三十日，朱熹抵達星子縣，任知南康軍。他到任第一件事，是尋訪陶潛、劉凝之、周敦頤「諸公遺蹟」，然後建周敦頤祠，請湖湘學派代表人物張栻撰寫祠記。張栻毫不含糊地將周敦頤推到道學宗主的地位，說「惟先生崛起千載之後，獨得微旨於殘編斷簡之中，推本太極，以及乎陰陽五行之流布」，並稱二程「推而極之」，將周敦頤的思想發揚光大。周、程授受的觀點，朱熹也極力主張，他說「惟濂溪夫子之學，性諸天，誠諸己，而合乎前聖授受之統。又得河南二程先生以傳之，而其流遂及於天下」。這種說法一經面世即遭質疑，朱熹有位從表叔認為這是歪曲事實，反覆給他寫信駁斥這種論調。但朱熹不管不顧，既然有機會來到周敦頤曾經任職的南康軍，正好趁機收集修訂周敦頤的遺著。他收集到《太極圖說》、《通書》的楊方九江故家傳本，與其他版本校定之後，將全文刻在南康軍學。聽聞朱熹如此用心，周敦頤的曾孫周直卿也來拜訪，並將周敦頤的墨寶《愛蓮說》及刻本《拙賦》贈予朱熹。朱熹非常激動，將署衙後圃臨池亭館命名為愛

蓮館，將周敦頤親書的《愛蓮說》刻於館壁，並賦詩《愛蓮池》云：「聞道根移玉井旁，花開十丈是尋常。月明露冷無人見，獨為先生引興長。」

周敦頤的《愛蓮說》作於何時何地，早已眾說紛紜，不可細考，星子縣愛蓮池只是其中一說。現在廬山市紫陽南街「周瑜點將台」東側的愛蓮池景區，與朱熹當年刻石的愛蓮館不知有何關聯？所謂的「周瑜點將台」更像明清時期的軍門樓，愛蓮池景區重建的臨池建築則稱為愛蓮軒。在點將台城樓上，我們在不經意間發現真正的宋代文物，就是朱熹推崇的劉凝之及其夫人的墓誌銘。

凝之是劉渙的表字，他是歐陽修的同年進士，五十歲時辭官歸隱，「學士大夫爭為詠歎以餞之」。劉渙享年八十一歲，

「居廬山三十餘年，環堵蕭然，饘粥以為食，而遊心塵垢之外，超然無戚戚意」。這樣的追求在理學家看來是聖人之道，因此朱熹又為劉渙父子（其子劉恕，《資治通鑑》編者之一）立祠奉祀，還在「城西門外草棘中」尋訪劉渙陵墓，又建「壯節亭」護墓。1980年秋，當地彭姓農民為縣磚瓦廠做土方，在蔡家嶺下掘得劉凝之及妻錢氏的墓誌銘，連同篆蓋四石分別藏於彭、蔡、胡三姓家中。彭世忠將發現墓誌的消息告知當地文史研究者，經鑑定後又聯系縣文物站予以收購。後來星子縣併入廬山市，縣文物站撤銷，不知何時這兩塊墓誌被安置在點將台上，便有了我們與劉凝之的這次邂逅。

1076　王安石第二次罷相

1077　詔以歐陽修撰新《五代史》藏秘閣

1078　謀攻西夏、復燕雲。

1079　發生烏台詩案，蘇軾下獄，貶黃州團練副使。

1080　宋改官制

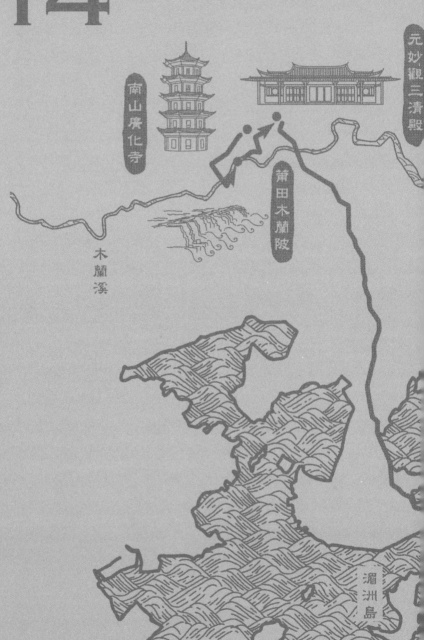

14

元妙觀三清殿

南山廣化寺

莆田木蘭陂

木蘭溪

湄洲島

莆田行程：南山廣化寺、莆田木蘭陂、元妙觀三清殿、湄洲媽祖祖廟。

何處覓荊公⋯莆田木蘭陂

湄洲媽祖祖廟

2017 年 9 月 29 日，我們在福州鼓山尋訪宋代摩崖，據說鼓山宋代摩崖石刻有一百零九種，其中有蔡襄與朱熹的題刻。此時宋代木構華林寺正在維修，只能在門口留影而別。福州的濂江書院也是神奇的地方，據說曾經是宋端宗趙昰的行宮，我們也專程前往參觀。

三十日莆田尋宋，我們尋訪的目標先是南山廣化寺的宋代佛塔與經幢，然後是木蘭陂。此外還有元妙觀三清殿，那裏有宋徽宗的《神霄玉清萬壽宮詔碑》，以及湄洲島媽祖祖廟，那裏的海鮮可真不錯。第三天我們又往仙遊縣尋宋，目標包括天中萬壽塔與蔡襄陵園。據說泉州的洛陽橋就是蔡襄主持修建，木蘭陂曾經借鑑洛陽橋的工程技術。

一、王安石的墓

元祐元年（1086）閏二月，司馬光拜相，新法廢除殆盡。兩個月後，王安石在江寧（今江蘇南京）去世，葬於蔣山（今江蘇南京鐘山）「東三里」。王安石去世前，一生奮鬥的變法事業幾乎盡毀，愛子王雱更先他而去。他將半山園的宅第與上元縣（在今南京江寧區）的田產捐給寺院，拖着老病之軀在城中賃屋而居，灰冷出世的心情可想而知。王安石去世後，司馬光認為朝廷仍應禮遇這位他多年前的好友，於是朝廷贈王安石太傅的官職，制書由蘇軾撰寫。但政治風向已變，有人請朝廷賜王安石惡諡。雖然也有人吊唁、祭奠或撰詩文紀念王安石，但避諱者更多，時稱「今日江湖從學者，人人諱道是門生」，「門前無爵罷張羅，玄酒生芻亦不多」。

王安石字介甫，因封荊國公而稱荊公，原籍撫州臨川（今

江西撫州）。他的父親王益於寶元二年（1039）卒於通判江寧任上，在皇祐二年（1050）葬於當地牛首山（將軍山）。2009年9月王安石父兄的薄葬墓，在別墅施工中被意外發現，墓誌也隨之出土。出土的王益墓誌作者是孫侔，但曾鞏的文集中也有王益墓誌。王安石先後請曾鞏、孫侔為父親撰寫墓誌，他的文集中還保留着給孫侔的書信，信中交代了王安石對曾鞏所撰王益墓誌的不滿、請孫侔重寫的緣由。

王安石將父親葬於江寧，從此定居於斯，去世後與弟安國、子雱葬於蔣山。今天南京紫金山有明孝陵、中山陵、孫權墓等，王安石墓早已無處尋覓。王安石去世後，沒有留下墓誌銘、神道碑之類的資料，葬地具體位置難以確認。「王荊公墓在建康蔣山東三里」的說法出自南宋周煇的《清波雜誌》，另有周必大的遊記可以佐證。明代沈德符的《萬曆野獲編》記載，在正德四年（1509），南京太監石岩為自己營建壽穴，「苦乏大磚」，聽說近處古墓之磚「奇大」，便掘墓磚充用，結果挖到一塊石碑，「視其碣乃介甫也」。江西東鄉縣等地的王氏族譜聲稱，因為朱元璋的旨意，王安石遷葬於金溪縣月塘村，即王安石祖父的歸葬處，太監石岩所掘是遷葬後的空墓。明代嘉靖二十五年（1546），臨川知縣應雲鷟刻印《臨川先生文集》時，很想在墓前祭拜王安石，結果沒找着王安石墓，想必當時還沒有金溪縣的所謂王安石墓。至於民國時期有人稱在南京麒麟門發現王安石墓，只能是南京人民的一種情懷吧！

無論如何，今天已無王安石墓塚可尋。

二、王安石的祠

歷史上，江西撫州與浙江鄞縣都有王安石祠廟。

天禧五年（1021），王安石的父親王益任臨江軍（今江西樟樹臨江鎮）判官，十一月十三日，王安石出生於父親的任所，後人稱之「維崧堂」。明清時期清江縣志均有「維崧堂」的記載，今天臨江鎮最壯觀的古建築縣前街大觀樓，即宋代以來臨江軍、路、府署的譙樓，維崧樓的名字僅在當地旅遊規劃中偶有再現。

王安石十餘歲時，曾在臨川縣鹽埠嶺（今江西撫州臨川區荊公路鄧家巷三號）的祖居住過幾年。當時祖父王用之去世，王安石隨父丁憂。王安石去世後，新法在哲宗、徽宗親政時得以恢復，政和三年（1113）王安石被追封為舒王。在此之前的崇寧五年（1106），知撫州田登將王安石故居改為祠堂，宣和年間重建，南宋紹興年間（1131-1162）修了一次。淳熙十五年（1188）知州錢象祖再次重建，並請陸九淵撰寫記文，即《荊國王文公祠堂記》。這篇著名記文毫不吝嗇對王安石的讚美，大意是說王安石超凡脫俗、冰清玉潔、優入聖域、光彩照人。此後至 1936 年最後一次重建，王安石祠時興時廢。1942 年，祠堂被日軍飛機炸毀，1963 年被徹底毀除，僅剩石匾半塊（有「荊國」二字）。2018 年 11 月，撫州市規劃重建祠堂，以迎接王安石千年誕辰。因此在今天的撫州市，荊公遺蹟也無從尋覓，除了 1986 年修建的豎有三米多高塑像的王安石紀念館。

最早的王安石祠堂出現在熙寧變法之前。慶曆七年（1047）至皇祐二年（1050），王安石知鄞縣，修水利，興學校，做了很多實事。嘉祐六年（1061），王安石在京任官，鄞縣「鄉民父老思之」，知明州錢公輔在廣利寺（即阿育王寺）為王安石「立生祠圖像，以順鄞人之心焉」。清乾隆年間該祠尚存，清代光緒年間（1875-1908）已廢，今無跡可尋。

現在浙江工商大學任教的姜勇博士為編撰《王安石鄞縣圖鑑》，曾實地考察了王安石知鄞縣時的「經遊之地」、「興造之跡」和「邑人之思」。「邑人之思」是指鄞縣人民對王安石的紀念，除廣利寺外，鄞縣另有六處王安石祠廟。姜勇認為，文獻記載魏家巷東的王安石祠也是錢公輔所建，明末清初演變為民間俗稱的實聖廟。實聖廟毀於清代雍正年間（1723-1735），據袁枚記載，當時的浙江督撫李衛「聞鄞縣有王安石祠，大怒，嚴檄毀燒」。實聖廟後來又有重建，民國時曾用作慈善機構，新中國成立後仍存於開明街，近年城市改造，舊址已不復見。王安石去世後，鄞縣又建經綸閣奉祀王安石，也是時興時廢，屢次遷址，民國時期經綸閣劃歸縣東鎮鎮公所，今舊址不存。

除以上三種官立祠廟，又有民間王安石祠廟四種。一是紫石廟，在王安石所修穿山碶附近，因在紫石山下而得名，現紫石村重建新廟，廟內設王安石紀念館，並祭祀修建穿山碶時犧牲的兩位水師。二是福應廟，在寧波東錢湖東畔菊島內，沿湖居民為紀念王安石興修東錢湖水利而建，創建時間不詳，或

在南宋，現在所見則是 1996 年當地民眾另修。三是靈佑廟，在東錢湖鎮下水礜綠野村西，始於清代，1960 年代曾重修，現建築損毀嚴重，有待修繕。四是忠應廟，在東錢湖鎮下水村，始於清代，民國時仍有廟會活動，曾被改為食堂、倉庫、工廠、牛舍。1986 年忠應廟重建為四合院建築，沙孟海題匾王安石紀念館，有王安石畫像及彩塑等。這幾處民間祠廟比官方所建祠廟更有生命力，今天寧波市政府興建的王安石紀念場所，則有東錢湖西岩湖濱西路的王安石公園，以及穿山磡的王安石紀念亭。

除了鄞縣，王安石也曾在揚州、舒州（今安徽安慶）、常州等地任官。王安石通判舒州時曾有詩題於寺壁，今無存。安慶天柱山景區眾多摩崖中，偶有後人題刻王安石詩句。常州倒有半山亭，原在縣衙前惠民橋西北塊碼頭，現亭已拆，1989年又另建於紅梅公園。

三、半山園

范仲淹的岳陽樓、韓琦的畫錦堂、歐陽修的醉翁亭、王安石的半山園，都有特定的文學意境。半山園本是金陵城外稱為「白塘」的荒地，王安石購得後營建園林，以為歸老隱居之計，「老來厭世語，深臥塞門竇」（《示元度》）。半山園附近有一土墩，傳說東晉謝安與王羲之曾經在此登眺，王安石因此有詩「我名公字偶相同，我屋公墩在眼中」（《謝安墩》）。當然，半山園的意境主要定格於王安石騎驢進鐘山的落拓身影，

鄞縣忠應廟

鄞縣忠應廟沙孟海題匾

正所謂「天廐賜駒龍化去，空餘小蹇載閒身」（《馬斃》）。

今天南京市有稱為半山園的王安石故居，這是 1984 年由海軍指揮學院修建的紀念性建築，現有三進宅院及半山亭。王安石在一場病後，將半山宅園捐舍建寺，宋神宗賜額「報寧禪寺」，俗稱「半山寺」。明初修築南京城牆，半山寺圈入城內，後遭廢棄。清代道光年間（1821-1850）兩江總督陶澍一度重建半山寺及半山亭；咸豐年間（1851-1861）又毀於兵火；同治年間（1862-1874）再次重建，直到民國時期改為半山園小學，1949 年後則劃歸海軍指揮學院。

雖然無緣半山園，在南京開會時，周揚波教授相約往定林山莊一遊。定林山莊現在明孝陵景區內，遊覽此地需購七十元的陵園門票。如今這裏被改建為劉勰與《文心雕龍》紀念館，但據考證，與劉勰有關的定林寺或在鐘山的另一處。1975年曾在此處發現陸游的摩崖題刻「乾道乙酉七月四日笠澤陸務觀冒大雨獨遊定林」，因此確定為宋代定林庵遺址。王安石居半山園時，常往鐘山遊覽，倦時在定林庵休息，還在庵內建書房「昭文齋」。今天定林山莊廢棄的遊客服務部有米芾體的「昭文齋」匾額，山莊內也有王安石詩碑，第一進大廳楹聯則是王安石的《遊鐘山》詩：「終日看山不厭山，買山終待老山間。山花落盡山長在，山水空流山自閒。」可惜心心念念的陸游摩崖無處可尋。

四、木蘭陂與熙寧橋

熙寧變法，除最受爭議的青苗法、募役法外，又有農田水利法，號稱影響巨大，「自是四方爭言農田水利，古陂廢堰，悉務興復」。王安石執政期間，全國興修或修復農田水利10,793處，溉田361,178頃，當時水利設施理應遍佈全國。今天可以尋訪到的熙寧年間（1067-1077）興修的水利工程，當數福建莆田木蘭溪的木蘭陂最為壯觀。

唐代以前，今天莆田的興化平原還是一片海灣。在河海衝擊與人工圍墾的共同作用下，唐宋時期，這裏逐漸形成了福建省內第三大平原，但深受洪澇、乾旱、潮災之害。宋代以

來，當地民眾不斷嘗試興修水利，形成了可觀的規模。木蘭陂規模宏大，由陂首樞紐、溝渠、堤防三部分組成，具有排水、蓄水、引水、擋水、灌溉等綜合功能。修建時，先開挖水道，引水入流，上下築壩，排空積水，在溪水、海水交匯處再挖掘一丈，壘巨石為基礎，其上構建石樑，豎石柱，分三十二門（後存二十九門）——這就是陂首的「溢流堰閘」。堰閘兩岸築護陂長堤，長兩百餘米，又建南、北進水閘一座，分別接引水渠，灌溉木蘭溪兩岸興化平原。

木蘭陂修成於熙寧八年（1075）至元豐六年（1083）之間，陂頂鋪條石，行走其間，觀賞湍急水流，深感水利工程的磅礴氣勢才是熙寧變法的終極遺存。不過，木蘭陂並非王安石主持修建的工程，亦非官府投資興建，而是當地民眾才智勤勇的結晶。最早在木蘭溪主持築陂的是一位女子，她是長樂（今福建福州長樂區）人錢四娘。治平元年（1064），錢四娘攜「金大如斗」，在木蘭溪將軍岩築陂，陂體被「怒濤衝壞」，錢四娘憤而投水。後來莆田民眾建香山宮紀念錢四娘，四娘的傳說至今流傳不絕。此後同鄉林從世感念錢四娘的事跡，耗資十萬緡在木蘭溪下游重築陂體，因過於接近入海口，海水倒灌而毀。

在錢四娘、林從世之後，才有熙寧年間（1068-1077）侯官人李宏築木蘭陂的壯舉。李宏的成功，一是吸取教訓，在林從世廢陂稍上重建，選址合理。二是得到莆田大戶資金上的大力支持。李宏家族雖「世雄於財」，仍無力獨自承擔建陂的巨額支出，幸得莆田大戶十四家出資七十萬緡完成壯舉。三是採

木蘭陂

木蘭陂溢流堰閘

用了當時先進的「筏型基礎」技術，即在江底拋擲大量石塊築成相當寬的江底矮石堤作為建陂基礎，木蘭陂基礎寬達三十五尺（約十米）。據說最早採用這種技術的是皇祐五年（1053）始建的泉州萬安橋（洛陽橋），蔡襄曾在《萬安渡石橋記》中記述這種「累趾於淵」的工程。

木蘭陂的建成與熙寧變法又有何關聯呢？當地文獻記載，徽宗時代的宰相蔡京、蔡卞兄弟是福建莆田人，熙寧年間也在朝中為官，「念梓裏之橫流」，請求宋神宗「下詔募築陂者」，李宏欣然應詔。問題是木蘭陂在熙寧八年（1075）已經開工，蔡京於熙寧九年（1076）才到中央任職，之前只是一名地方小官，對朝廷並無影響力。熙寧二年（1069）頒行的農田水利法又稱農田利害條約，內容除了要求地方政府資助、領導興修水利之外，也通過獎勵刺激民間力量參與，「諸色人能出財力、糾眾戶、創修興復農田水利，經久便民，當議隨功利多少酬獎。其出財頗多、興利至大者，即量才錄用」。李宏及十四大戶應該是受此鼓勵，是否獲「量才錄用」則不得而知。今天木蘭陂上游七公里處公路橋下藏着一座宋代石橋，名「熙寧橋」，據說是木蘭陂受益民眾為紀念熙寧農田水利法而興建。

木蘭陂與熙寧變法更直接的關係體現在元豐年間（1078-1084）形成的陂田制度，這也可以理解為朝廷承諾獎勵民間興修水利的兌現。木蘭陂的修建過程中，知興化軍謝履就向朝廷報告並請求將修墾塘田賜給十四大戶。結果，宋神宗拔四百九十畝免賦塘田作為木蘭陂的維護基金，保證了木蘭陂的

木蘭溪衛星圖

泉州洛陽橋

洛陽橋碑刻

長期有效運作。

農田水利法與其說是偉大人物的偉大構想，不如說是順應民眾切身需求而大獲成功的務實改革。荊公晚境淒涼，若知人間尚有木蘭陂，庶無憾乎！

15

嵩山古建築分佈：初祖庵、塔林、會善寺、嵩陽書院、崇福宮、中嶽廟。

士大夫政治消亡史……登封嵩陽書院

中嶽廟

觀星台

前一陣，有學者在討論中國為甚麼叫「中國」的問題。其實，世界文化遺產、國家5A級景區嵩山的口號就是「天下之中」。中國早期的國家及文明集中出現在嵩山周邊，包括景區內的王城崗遺址、陽城遺址，偃師的二裏頭遺址，鄭州與偃師的商城遺址，以及洛陽的成周遺址、東周王城遺址。所以司馬遷說：「昔三代之君皆在河洛之間，故嵩高為中嶽。」從某種意義上講，中國古代幾大都城，西安是西境的統治基地（周、西漢、隋、唐），北京屬於北方的政治中心（遼、金、元、明、清），南京是南境國都（東晉、孫吳、南朝、明），河洛一帶才稱得上是「中國」。這麼說來，秦以後真正屬於「中國」的王朝，竟是東漢、曹魏、西晉、北魏與北宋。

河南是北宋的政治核心區，河南尋宋四站——登封、鞏義、開封、封丘，都是不得不寫的題目。登封在北宋屬於西京洛陽，如果說北宋政治文化就是文彥博所謂的「與士大夫治天下」，那麼洛陽就是士大夫的政治文化中心，二程兄弟在這裏開創的理學稱為「洛學」，司馬光在這裏編寫完成《資治通鑑》。不過，嵩洛文化史的輝煌似乎至此而止了……

一、崇福宮

自立國以來，宋朝內部一直有遷都洛陽的聲音，要不是太宗的阻撓，太祖早就遷了。洛陽距開封不過一百二十公里，離嵩山北麓的鞏義皇陵僅五十公里。景德四年（1007），泰山封禪的前一年，宋真宗也曾出京活動，他先拜謁鞏義皇陵，然後巡遊洛陽及龍門石窟。回京後不久，三十二歲的郭皇后去世。再過六年（1013），宋真宗立劉娥為皇后。天禧二年（1018）宋真宗病重，宰輔大臣寇準、丁謂、王欽若以及劉皇

后玩起了權力遊戲。最終的勝利屬於皇后，於是劉娥拿出私房錢，重修了嵩山的崇福宮。崇福宮就是漢代的萬歲觀，因為漢武帝遊嵩山時聽到「山呼萬歲」而建，唐代更名為太乙觀。劉皇后這次「葺而治之」的原因不詳，似乎是要新修一座會元殿以供奉「後土元天大聖后之像」。不過，這位善於權謀的女性，應該很了解唐代嗣聖十三年（696）武則天封禪嵩山，改年號為萬歲登封，改嵩陽縣為登封縣的那段歷史。

宋仁宗時，崇福宮供奉宋真宗與劉皇后的神御（肖像），管理崇福宮的一些士大夫，又建泛觴亭、弈棋亭、樗蒲亭等。宋徽宗時，崇福宮迎來了輝煌時期。宋徽宗的母親陳氏本是宋神宗時的宮女，曾拜託宦官往崇福宮會元殿求子，結果生下了趙佶。後來被追封為欽慈皇后的陳氏從沒想過趙佶有朝一日能入承大統。或許害怕殘酷的宮鬥，或許出於真愛，丈夫趙頊去

世後，陳氏堅持守陵，還說「得早侍先帝，願足矣」，結果暴瘦成「毀瘠骨立」，三十二歲便去世。宋徽宗後來自稱是神仙下凡，或許就是聯想到母親在崇福宮求子的經歷。他大肆重修崇福宮，「黃金之飾，瑰麗之器，皆尚方所作」，並親自撰寫了一篇《西京崇福宮記》。

我們到訪崇福宮的時候，宮內農田裏的玉米正值抽雄，土雞啄食於古碑之間，一派農家莊園的景象。不過，這時的崇福宮已經經過整飭，再早幾年，這裏可以看到「大殿失修，碑石僕地」，「一排排豬圈，一間間雞舍，散發着惡臭，流淌着污水」的境況。1980 年代，崇福宮劃歸登封畜牧局，成了畜牧、養殖的場所，可以想像當時的髒亂破敗。後來因為拖欠農行貸款，畜牧局又將崇福宮抵押給銀行。直到 2007 年，崇福宮方交還文物部門管理，得到重修。2019 年，崇福宮被列入第八批國家重點文物保護單位名單。

崇福宮進入宋代政治史的視野，不是因為劉、陳兩位皇后，而是王安石變法時，把大量被他趕出京城的高官安置在崇福宮，其中包括宋神宗去世後盡廢新法的司馬光。宋代有祠祿之官，就是那些沒有合適職位安排的高級官員，以管理（管勾、提點、提舉）宮觀的名義領取一份俸祿。王安石「欲以此處異議者」，索性取消了名額限制，在杭州洞霄宮等十餘處宮觀增設祠祿官。從京師退閒的高官們特別樂意在西京洛陽營造園囿、組織耆老會，西京留守與提舉崇福宮，便成了安置這些人最常用的頭銜。

崇福宮內的玉皇殿及玉米地

崇福宮內的古碑

二、嵩陽書院

天禧三年（1019），司馬光出生於父親司馬池知光山縣（今河南信陽）的官舍，2019 年是他誕辰一千週年。司馬光十三歲時以父蔭補官，二十歲時考中進士，不久母親與父親相繼去世。服滿後司馬光追隨龐籍，很快在京任職，三十三歲時任史館檢討、集賢校理等職，又經數年遊宦，四十歲以後回京長期擔任諫官。宋仁宗沒有兄弟子侄，只好讓堂侄趙曙（宋英宗）繼位。趙曙在位僅五年，這一時期司馬光做了兩件大事，一是在濮議之爭中代表諫官集團與韓琦、歐陽修等宰執大臣展開辯論，抵制趙曙追崇生父的計劃；二是開始修撰後來稱為《資治通鑑》的大型史書。

司馬光在治平元年（1064）寫了一部《歷年圖》，就是歷代大事年表或者說是《資治通鑑》編纂提綱，然後主要依據《史記》，於治平三年（1066）編成《周紀》、《秦紀》，即後來《資治通鑑》的前八卷。他的編撰工作受到宋英宗及宋神宗的大力支持。歷經近二十年艱辛，全書兩百九十四卷於元豐七年（1084）修成上呈，元祐元年（1086）獲准在杭州刻版，再過六年（1092）版成印行。

《資治通鑑》是司馬光在不同階段撰寫的。寫完《周紀》、《秦紀》時司馬光的職務是權御史丞，寫《漢紀》、《魏紀》時是知制誥，寫《晉紀》時已變成權判西京留司御史台以及提舉西京嵩山崇福宮。最後一個職銜至整部《資治通鑑》大功告成時仍在使用。也就是說，東晉以來的六百餘年歷史、《資治通

鑑》將近三分之二的篇幅，司馬光是以道觀管理人員的身份寫成的。

司馬光與王安石原來是好朋友，但政見不同，司馬光堅決抵制王安石的變法。與王安石鬧翻後，司馬光一度被任命為知永興軍（今陝西西安）。但地方官也要執行朝廷的變法政策，司馬光難以接受，沒兩個月就打辭職報告，說要去洛陽專心修史書。僵持了兩個多月，朝廷接受了司馬光的請求。洛陽人文薈萃，故老咸集，司馬光先參加西京留守文彥博主持的耆老會，自己又組織真率會。洛陽名賢畢至，理學家邵雍、二程，名臣范鎮、范純仁、韓維，當時都在洛陽，司馬光與他們過從甚密。洛陽周邊名勝繁多，又是全國的學術中心，司馬光在洛陽建了獨樂園，又在附近買了兩處山莊，一住就是十五年，在這裏完成了大量學術著作。洛陽離他的老家夏縣（今屬山西運城）不遠，司馬光在家鄉也建了一座獨樂園，每到秋冬，便回夏縣看望兄長司馬旦並整理父親司馬池的遺作。

熙寧八年（1075），提舉西京嵩山崇福宮成為司馬光的職銜。嵩山當時歸洛陽管轄，兩地相距不過百里，司馬光不必真的去道觀做管理工作，但曾多次與人結伴往嵩山遊覽。嵩陽南麓逍遙谷石溪（嵩陽書院東溪）「光風霽月其襟懷」刻石旁，據說是司馬光的別館舊址，號稱疊石溪莊。元豐元年（1078），也就是王安石罷相之後，司馬光與范鎮有一次嵩山之遊，在當時廣為人知，邵雍之子邵伯溫的《邵氏聞見錄》以及王闢之的《澠水燕談錄》對此事均有記載。司馬光與范鎮騎

馬從洛陽出發，經過韓國故都宜陽，然後至登封，在峻極下院休息後攀登峻極峰，接着下山遊覽嵩陽書院、崇福宮與紫極宮。另有一次，司馬光與兄長司馬旦以及程頤一起遊覽峻極院，還在簷壁題詩云：「一團茅草亂蓬蓬，驀地燒天驀地空。爭似滿爐煨榾柮，慢騰騰地暖烘烘。」

「慢騰騰地暖烘烘」似乎表現了宋神宗時代居洛的政治異議分子們從長計議的心態，但元祐元年（1086）司馬光回朝後盡廢新法，更像是「驀地燒天驀地空」的衝動之舉，真正在嵩山積蓄能量，建立不朽事業，似乎是二程「洛學」的開創。熙寧年間（1068-1077），二程的父親程珦「厭於職事，丐就閒局，管勾西京嵩山崇福宮」，在哲宗朝，程頤也曾擔任此職，

一般認為二程在嵩陽書院的活動主要集中在這一時期，這是洛學興起的標誌性事件。司馬光、邵雍、張載等重要學者或許也在嵩陽書院講過學，可惜相關記載少之又少。

嵩陽書院宋代時號稱四大書院之一，金時改為承天宮，元時為嵩陽宮，直到明代中期才重建書院並奉祀二程，近代廢科舉之後，改建為登封縣師範傳習所及嵩陽高等小學堂，1942年又建中岳中學。新中國成立後，嵩陽書院仍長期為教育機構佔用。1963年嵩陽書院被公佈為河南省第一批省級重點文物保護單位，1980年開始搬遷學校及居民，恢復古代書院建築群並對外開放，文物恢復與保護工作至二十世紀末仍在持續。

嵩陽書院曾經是北魏的佛寺、隋唐的道觀。晚唐五代，儒學衰微，有志之士隱居寺觀傳續絕學，嵩陽觀也有進士、道士聚課生徒。後周世宗於顯德二年（955）將嵩陽觀改為太乙書院，宋太宗時又改為太室書院，宋仁宗時才改稱嵩陽書院。二程在此講學之前，這裏培養過呂蒙正、錢若水、陳堯佐、滕子京等名臣。嵩陽書院內現存的宋代文物，只有講堂西壁的《元始天尊說北方真武妙經》石碣，西碑廊的文潞公（文彥博）遊嵩陽書院碑、黃庭堅詩書碑等。其中《元始天尊說北方真武妙經》石碣刻於元符二年（1099），畫者武宗孟、書丹宋溥及刻碑張士寧都是當時的名家。

三、中嶽廟與初祖庵

遊覽嵩陽書院，令人心動處並非二程講學的陳跡，而是比嵩陽書院歷史更為悠久的漢代將軍柏、東魏《嵩陽寺造像碑》以及《大唐嵩陽觀紀聖德感應之頌碑》。傳說二千三百年前（前110），漢武帝遊嵩嶽，見三株柏樹高大茂盛，前所未見，遂封為「將軍柏」。現存大將軍柏高十二米，圍五點四米，二將軍柏高達十八米，圍近十三米，樹幹下部糟朽洞穿，卻生機旺盛，虯枝挺拔。明代崇禎年間（1628-1644），三株將軍柏還被線描刻石。1958年經專家測定，將軍柏樹齡有四五千年，可謂整部中華文明史的時間刻度。

二將軍柏

漢武帝後六百年，北魏孝文帝統治時期，佛道兩教並興，太和八年（484）嵩陽寺創建，現存《嵩陽寺倫統碑》雕造於東魏天平二年（535）。該碑陽面碑首六龍盤繞，碑額兩行六字篆書，碑身上層是一佛二菩薩及弟子、力士、飛天等雕像，中層只剩下沿一排七尊坐佛，其餘被鑿毀，下層為〈中嶽嵩陽寺碑銘序〉。陰面碑額雕一佛二脅侍，碑身十二排共九十四佛龕，各龕均刻佛名。該碑原在嵩陽寺，隋代大業年間（605-616）改嵩陽寺為嵩陽觀，唐高宗建奉天宮時將碑移入會善寺，2003年又遷回嵩陽書院，並將碑陰置於正面。

　　唐高宗遷碑後八十年，安史之亂發生前十一年（744），唐玄宗又立《大唐嵩陽觀紀聖德感應之頌碑》。該碑現今立於嵩陽書院大門西，由基座、碑身、碑額、雲盤、碑脊五層雕石

《嵩陽寺倫統碑》

《嵩陽寺倫統碑》碑首

組成，高九米，重八十多噸，為河南最大的石碑。碑文由裴迴篆額，李林甫撰文，徐浩八分隸書，記述唐玄宗為尋求長生不老之術，命道士孫太沖在嵩陽觀等地煉丹之事。碑陰碑側多有後人遊覽嵩陽書院的題名，題名者包括熙寧年間（1068-1077）的張琬及宣和年間（1119-1125）的盧漢傑等。

嵩山因崇福宮與嵩陽書院而進入北宋政治文化史的視野，又因少林寺而深入世俗人心，但這都不是嵩山人文史的關鍵環節。象徵着地理意義上的「中國」，標識着中華文明的悠遠延綿，體現出三教融匯的文化傳統，才是嵩山無與倫比的三重文化意義。今天被列為世界文化遺產的嵩山八處十一項歷史建築，分別為太室闕與中嶽廟、少室闕、啟母闕、嵩嶽寺塔、少林寺建築群（常住院、初祖庵、塔林）、會善寺、嵩陽書院、觀星台，其中多為漢魏勝蹟，也有元代科技史的遺存。其中中嶽廟始建於秦，廟內保存着北魏寇謙之撰書的《嵩高靈廟碑》，標誌着早期道教的正統化，嵩嶽寺塔是國內現存最早的佛塔，少林寺還是禪宗初傳之地。相對而言，嵩陽書院不過是魏唐寺觀的改建，北宋反變法派在這裏的活動，也只算嵩山人文歷史的最後一次輝煌。

今天嵩山的宋代遺蹟，主要還有中嶽廟的四種碑刻、宋代鎮庫鐵人，以及少林寺的初祖庵。中嶽廟原是秦漢時代的太室祠，是祭祀太室山的場所，五嶽制度形成後改為中嶽廟。宋初重修中嶽廟，因此有盧多遜撰文、刻立於開寶六年（973）的《大宋新修嵩嶽中天王廟碑》。大中祥符四年（1011）宋真

宗加封中嶽神為《中天崇聖帝》，又有大中祥符七年（1014）
王曾撰文的《大宋中嶽中天崇聖帝碑》，以及乾興元年（1022）
的《大宋增修中嶽廟碑》。以上三座宋碑與《大金重修中嶽廟
碑》共稱「四狀元碑」，分別立於中嶽廟西華門與東華門內。
此外，峻極殿東掖門東側的八角石幢刻有宋真宗《御製中嶽醮
告文》。崇聖門東面神庫四周有治平元年（1064）鑄造的四尊
鐵人，重三千餘斤，用一百多塊生鐵拼鑄而成，握拳怒目，挺
胸聳臂，十分威嚴。

　　初祖庵位於少林寺西北的少室山五乳峰下，建中靖國元
年（1101）知登封縣樓異興建，是嵩山景區難得一見的宋代建
築。宣和七年（1125）重修時，以石柱替換木柱，石柱及神台
四周均有精美浮雕。此外，初祖庵殿外原有黃庭堅的《祖源

諦本碑》、蔡京的《面壁之塔碑》以及蔡卞的《達摩面壁之庵碑》，均已移入少林寺碑廊，現存初祖庵的黃庭堅碑和蔡卞碑均為複製品。

「太師魯國公京書」的《面壁之塔碑》立於宣和四年（1122），如今塔毀碑存。宣和二年（1120）宋朝聯金滅遼，童貫率宋軍北伐燕京，竟在與遼交戰中失利。蔡京反對這次用兵，但他在兩年前被勒令退休，此時已沒有發言權。兩年後，年近八十的蔡京再次拜相，再過兩年，開封淪陷，蔡京客死。在崇道的徽宗時代，長期掌權的蔡京兄弟在佛寺各自題寫「面壁」，似乎是一種不祥之兆。嵩洛地區即將淪陷，熙寧以來的黨爭也將告一段落。新法在蔡京時代的輝煌，也終於如司馬光預言的那般，「驀地燒天驀地空」地煙消雲散了。

《大宋新修嵩嶽中天王廟碑》及《大宋增修中嶽廟碑》

《大宋中嶽中天崇聖帝碑》

宋真宗《御製中嶽醮告文》石幢

《面壁之塔碑》

初祖庵石大殿

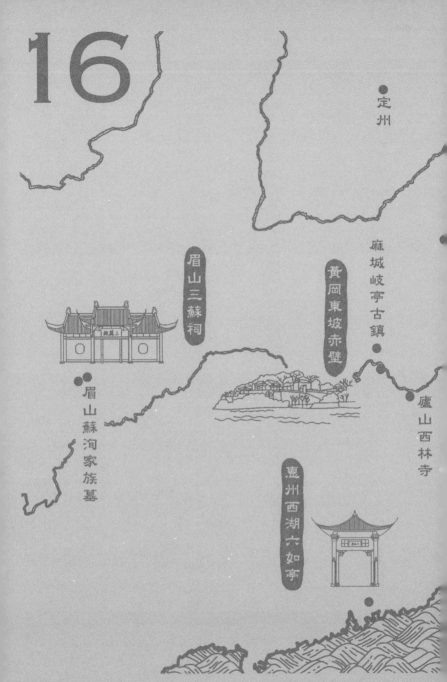

16

定州

麻城岐亭古鎮

眉山三蘇祠

黃岡東坡赤壁

盧山西林寺

眉山蘇洵家族墓

惠州西湖六如亭

蘇軾遺蹟分佈圖

蘇軾被退稿：杭州《表忠觀碑》

2019 年 7 月 26 日，李常生在微信群「大宋史研究資訊」中再次發佈《蘇軾行蹤考》的相關信息：「《蘇軾行蹤考》已經申請書號了。8 月底公開吧。然此書費了十二年時間，文獻考證、追尋足跡、繪製地圖、攝影、撰寫，一改再改，共計一千八百頁、一百二十萬字，約一千五百張圖片（含地圖、照片）……。」《蘇軾行蹤考》不但詳考蘇軾每日行蹤，實地考察各地遺蹟與風物，更精確地繪製出古今對照行蹤地圖，格局、視野、用力程度，均非一般文人作品可比。

蘇軾無疑是北宋第一號明星，他的遺蹟遍佈全國。尋宋旅程中，我們專訪過黃岡赤壁、眉山三蘇祠、眉山蘇洵墓、惠州西湖、湖州黃龍洞、常州蘇軾紀念館，順訪則有杭州、麻城、定州、徐州、廬山等地。但如何為蘇軾寫一篇尋宋小文，一直讓我感到困惑。甚麼都被寫過了，沒有蹊徑可以開闢。柳立言先生寫過蘇軾乳母墓誌的論文，我覺得似還有可寫的餘地，不久卻在「澎湃新聞網」上讀到趙子穆的〈蘇軾乳母的一生〉。要不整理一下全國的蘇軾行跡，就不寫關於蘇軾的文章了？這時卻又看到李常生在群裏發《蘇軾行蹤考》。我還注意過蘇軾的廬山之行，苦於無力鑽研相關問題，最近在朱剛的《蘇軾十講》中讀到《廬山訪禪》，頓時覺得蘇軾研究已經圓滿。

2019 年，因為講授宋史課程，偶然以《表忠觀碑》為例介紹方志史料，發現宋代表忠觀的修建尚有隱情。

一、後來不見入石

二十年來，有件事一直糾纏着蘇軾。

熙寧十年（1077），知杭州趙抃向朝廷打報告，為紀念吳越國錢氏三世五王的功德，申請將杭州龍山（今玉皇山）下荒

廢的佛堂妙因院改為道觀，以管理、維護錢氏在浙江各處的墳廟。報告獲得批准，道觀賜額「表忠」。趙抃又邀請曾通判杭州的蘇軾撰寫碑記。元豐元年（1078）八月十三日，徐州黃樓建成的第二天，在知徐州任上的蘇軾寫出了這篇碑記，趙抃的報告及朝廷的批示被全文照錄，然後加上蘇軾創作的四言銘文。碑記的筆法受到王安石的誇讚，而墨跡就是書法史上著名的楷帖《表忠觀碑》。

人們一直以為，杭州從此有了一座表忠觀，《表忠觀碑》刊石立於其內。但紹聖年間（1094-1074）蘇軾貶謫惠州時，曾寫信給杭州的僧人道潛，說：

> 《表忠觀記》及《辯才塔銘》，後來不見入石，必是僕與捨弟得罪，人未敢便刻也。

如此說來，蘇軾在世時，《表忠觀碑》是否刻石，大有可疑？

現在出版的字帖均稱《表忠觀碑》初刻於元豐元年（1078），毀於元祐黨禁，「後來不見入石」，指蘇碑毀後沒有得到重刻。崇寧年間（1102-1106）蔡京等人立《元祐黨籍碑》，蘇軾去世兩年後的崇寧二年（1103），下詔「焚毀蘇軾《東坡集》及《後集》印板」，「碑碣榜額系東坡書撰者，並一例除毀」。蘇軾在紹聖時說《表忠觀碑》「不見入石」，崇寧年間（1102-1106）自然無從「除毀」。

杭州龍井寺辯才（元淨）法師圓寂於元祐六年（1091），紹聖元年（1094）蘇軾貶謫惠州時，蘇轍也失勢出知汝州，〈辯

才塔銘〉「不見入石」或許是時間上不那麼充裕。但《表忠觀碑》撰成將近二十年，元祐四年（1089）和元祐五年（1090）蘇軾自己出知杭州，怎麼可能「人未敢便刻」呢？

此中蹊蹺，說來話長。

二、《送表忠觀錢道士歸杭》

元豐元年（1078）八月，是蘇軾在知徐州任上撰並書《表忠觀碑》的落款時間。第二年初蘇軾改知湖州，四月二十日到任，七月二十八日因烏台詩案被拘押入京，知湖州前後不足百日。在湖州，四月，蘇軾拜謁了文廟及諸廟，以宣揚教化並祈禱神明保佑一方。五月端午節，蘇軾遍遊諸寺，登飛英塔，又往弁山（卞山）黃龍洞祈晴。

其中飛英塔是南宋原物，1988 年被列為全國重點文物保護單位，蘇軾所謂「忽登最高塔，眼界窮大千」（《端午遍遊諸寺得禪字》）之處。印象最深的則是蘇軾曾經祈晴的弁山黃龍洞之行。我在遊記中這樣記述：

> 遊覽完府廟，往衣裳街用餐，先後食得丁蓮芳千張包、周生記大餛飩，又購得諸老大粽子、震遠同點心以為紀念。遂驅車接文保所陳先生、莫君等同往弁山黃龍洞。車上周君向陳先生詢問葉夢得石林精捨遺蹟所在。陳先生告知在大、小玲瓏山之間，太史灣村之中，但蹤跡全無，恐難尋訪。周君深以為憾，因暢談尋訪鳳凰及研究葉夢得之心得，車中一時興奮。行至弁山腳下，才想起相約同行的鐘畫家尚在市博物館。於是折返接

尋宋：讀史訪古十萬里

上鐘畫家，順便經過太史灣村，大、小瓏玲山正在公路兩旁。

弁山出產的太湖石以皺、瘦、透、漏聞名，是宋徽宗花石綱的主要來源，自宋以來不斷採挖，大、小瓏玲山早已變成湖泊。此處也是《建炎以來繫年要錄》作者李心傳墓地所在，太史灣因李心傳得名，民間誤傳「太史」為太史慈。在曾經是大玲瓏山的湖邊，據說可以撿得宋磚、宋瓷。

黃龍洞離太史灣村不遠，曾有公司開發旅遊項目，周君十年前曾率學生考察。景區現已荒廢，1966 年發現的石灰岩溶洞黃龍宮大門緊鎖。黃龍洞摩崖在丈人峰山頂，因罕有人跡，山路早被雜樹覆蓋。在文保所莫君率領下，一行人順利攀登。摩崖中「黃龍洞」三個楷體大字相傳為黃庭堅所書，又有紹定五年（1232）周弼題記及嘉熙二年（1238）程公許題記，「黃龍洞天」四字是明朝四十三代嗣漢天師張宇初題寫。丈人峰背後即是黃龍洞，洞若巨井，深約 40 米，唐以前稱金井洞，漢晉以來即是官民祈雨禱晴之處。宋人周密記載：「一穴幽深，真蜿蜒之所宅。居人於雲氣中每見頭角，但歲旱禱之輒應。」蘇軾有詩《和孫同年卞山龍洞禱晴》：「吳興連月雨，釜甑生魚蛙。往問卞山龍，曷不安厥家……寄語洞中龍，睡味豈不嘉……」眾人圍在洞口議論，蘇軾祈禱之時當有投龍簡等物投入洞中，不知今日是否尚在。後來查閱資料，才知 2012 年即有民間探險隊繩墜至洞底探險。下山時，鐘畫家所得頗豐，有廢棄鳥巢、奇形藤杖、山頂青苔等物，陳先生亦覓得古生物牙齒化石，可謂滿載而歸。

就在黃龍洞禱晴的同一個月，蘇軾還接待了從杭州來募捐的道士錢自然。錢自然道號通教大師，是吳越國王錢鏐的直

系子孫。元祐年間蘇軾知杭州，查閱檔案才發現，當年趙抃提出改建表忠觀並讓錢自然住持，其實是有緣由的。趙抃給朝廷的報告在十月，七月時，錢道士提交了一份申請，要求將杭州代管錢氏祖產的租賃收益每年一千三百五十四貫劃撥給他，用以修葺錢氏「諸處墳廟」。他算了一筆賬，修葺工程預算「合用工料價錢一萬二千八百九十貫九十九文」，需要連續劃撥九年「方得完備」。趙抃顯然因為錢道士的申請，才向朝廷打了份報告，但報告中並沒有提錢的事情。結果錢道士成了表忠觀住持，但修墳廟的經費並沒有落實。

蘇軾哪裏知道事情這麼複雜，他還以為錢道士要為《表忠觀碑》感激他呢，一見面就問：「表忠觀完工了吧？」

沒想到錢道士說：「還沒呢，杭州去年收成不好，沒人願意捐錢給我修建道觀。」

蘇軾覺得奇怪，他印象中杭州人最喜歡花錢搞些迷信活動，今年杭州豐收，所以他相信修觀預算應該不成問題。蘇軾對錢道士說：「杭人重施而輕財，好義而徇名，是不獨為福田也，將自托於不朽。今歲稔矣，子其行乎！」

不過，錢道士還是厚着臉皮讓蘇軾捐錢，因此蘇軾作詩送他回杭州，這就是《送表忠觀錢道士歸杭》。詩的後四句是「淒涼破屋塵凝座，憔悴雲孫雪滿簪。未信諸豪容郭解，卻從他縣施千金」，就是說蘇軾想辦法從湖州幫錢道士籌集了一千貫的建觀經費。

杭州並沒有把錢氏祖產收益撥給錢道士，蘇軾的一千貫

錢解決不了問題，等今年收成好了再向杭州民眾募捐也不現實。更致命的是，錢道士回杭不出兩月，烏台詩案爆發，蘇軾被拘押入京。當時的知杭州鄧潤甫是重要的變法派官員，無論如何也不可能讓抵制新法的罪官蘇軾撰碑的表忠觀修建起來，錢道士只能擱置建觀事宜。

三、經今十四年，表忠觀既未成就

烏台詩案的結果是，蘇軾免罪，但貶謫黃州（今湖北黃岡）。蘇軾在黃州四年有餘，杭州的表忠觀仍未建成，引起錢氏後人強烈不滿。元豐五年（1082）三月十八日，以皇城使錢暉為代表的一批錢氏後人直接向朝廷打報告，要求杭州歸還錢氏祖產，以便籌資修葺各處錢氏墳廟。朝廷批覆，同意杭州每年從一千三百五十四貫的錢氏祖產收益中，劃撥五百貫給表忠觀。

元豐七年（1084）四月，蘇軾離開黃州，本來是轉任汝州團練副使。他一路遊山玩水，元豐八年（1085）正月抵達應天府，打報告請求在常州居住。三月，宋神宗突然去世，蘇軾獲准居住常州，五月抵達常州，六月卻起知登州，十月抵達登州，又以禮部郎中召還朝廷，十二月抵京，元祐元年（1086）九月任翰林學士、知制誥。這次蘇軾在京留任三年有餘，目睹了司馬光盡除新法的舉措，以及司馬光去世後反變法派內部的紛爭。元祐四年（1089）三月，蘇軾請求外任，四月授任知杭州，七月抵杭，在杭州度過了相當充實自在的一年又八個月。

黃岡赤壁

杭州六一泉

元祐六年（1091）正月二十六日，蘇軾被任命為吏部尚書，二月初四日除翰林學士承旨，二月二十八日以知制誥召還。對於這次入京，蘇軾內心是抗拒的。他早已厭倦朝中無休止的權力鬥爭，上狀辭免，請求外任。他說弟弟蘇轍就在朝中任職，他的任命恐怕不符合當朝宰相的意願，兄弟同時入朝必然招惹猜忌。

　　辭免請求沒有獲得批准。這次知杭，蘇軾留下了蘇堤、三潭印月、六一泉等著名景點，它們成為杭州西湖千古風流的精魂。但離杭之際，表忠觀成了他的心頭事。其實除授吏部尚書那天，意識到可能會離開杭州，蘇軾給道士錢自然及知越州錢勰寄去兩壺酒並附詩（《聞錢道士與越守穆父飲酒，送二壺》）。二月二十八日上狀辭免的同時，他另上一道《乞椿管錢氏地利房錢修表忠觀及墳廟狀》。蘇軾詳細回顧為表忠觀籌款的整個歷程：熙寧十年（1077）錢自然請求撥款修墳廟，同年趙抃提議改建道觀，元豐五年（1082）錢暉請求歸還錢氏祖產，朝廷只批准每年撥款五百貫，到他離開杭州時，總計「支得四千五百貫」，尚不足錢自然預算的一萬二千餘貫的一半，以致「經今十四年，表忠觀既未成就，而諸處墳廟，依前荒毀」。因此，蘇軾申請將錢氏祖產每年一千三百餘貫收益全部撥給表忠觀。

四、杭人送到《表忠觀碑》

　　蘇軾離杭時提出的申請獲得批准。但回京僅三月，元祐

六年（1091）九月蘇軾再次外任。元祐七年（1092）九月再次入京，次年高太后去世，宋哲宗親政，蘇軾的厄運再次來臨。紹聖元年（1094）十月，蘇軾被貶至惠州。

這期間，林希、王存、陳軒先後知杭州。林希曾為蘇軾修築的長堤題寫「蘇公堤」，蘇堤由此得名。但林希後來起草了貶斥蘇軾兄弟的詔令，被譏為反覆小人。王存與蘇軾關係不錯，他在杭州時蘇軾已被貶出朝廷。至於陳軒，曾遭蘇軾彈劾，他知杭州時，蘇軾已貶至惠州。可能在紹聖二年（1095），蘇軾寫信給杭州的道潛，提到「《表忠觀記》及《辯才塔銘》，後來不見入石，必是僕與舍弟得罪，人未敢便刻也」——這封信恐怕沒有逃過陳軒的眼睛。

不久，蘇軾在惠州，給已經幾十年沒有聯繫的表兄兼姐夫、時任廣東提刑的程正輔寫信，其中提到：

> 杭人送到《表忠觀碑》，裝背作五大軸，輒送上。老兄請掛之高堂素壁，時一睨之，如與老弟相見也。

這時距蘇軾離開杭州不過四年，錢自然修表忠觀的經費還沒完全到位。估計陳軒不想看到蘇軾《表忠觀碑》有刻石的一天，所以「杭人送到《表忠觀碑》」，恐怕是陳軒故意派人將蘇軾的原作寄回。蘇軾被退稿了，然後他把這五大軸轉手送給表哥。

到了南宋，宋高宗提出「最愛元祐」，表忠觀在紹興年間（1127-1162）終於修成，《表忠觀碑》也於紹興二十九年（1159）首次刻石，這時蘇軾已去世五十八年。表忠觀在淳祐（1241-

1252）、寶祐（1253-1258）、咸淳（1265-1274）年間多次重修、擴建，宋理宗還賜田三百畝。咸淳年間的這次擴建，「改創三清大殿，而即殿之故址創五王廟，棟宇宏麗，像設森嚴」。不過，這樣的輝煌延續了不過五年。元兵進入臨安時，表忠觀被毀，碑移入太學。

南宋刻碑四石八面，明代尚存。明代嘉靖三十九年（1560），浙江總督胡宗憲將表忠觀遷建於湧金門外，又稱錢王祠。杭州知府陳柯重刻《表忠觀碑》立於祠中。此後宋刻湮沒，清代乾隆四年（1739），杭州府學教授餘戀棟掘得宋刻第一石、第四石，乾隆五十九年（1794）餘戀棟重修表忠觀時將南宋殘碑移入，民國時又掘得第二石十塊碎片。1958 年錢王祠廢墟被利用為動物園，1975 年動物園遷址時南宋殘碑失

杭州錢王祠

杭州錢王祠內的五王殿

蹤，明代重刻則被移入杭州孔廟。2002 年，明刻第一石、第二石、第四石在孔廟重新尋獲，2003 年杭州市政府重建錢王祠後重新移入。

　　新建錢王祠在柳浪聞鶯景區，是西湖周邊少有的收費景點（門票十五元），大殿供奉錢鏐等三世五王，兩廂功臣堂有描述錢氏武功文治的壁畫，明刻蘇碑三石立於左廂。二進正殿一樓壁畫表現錢俶納土歸宋，二樓展出各地錢氏族譜及錢氏名人生平。錢王祠大門前聖旨坊內又有錢鏐銅像，頗顯吳越王的豪傑神采。

　　這麼複雜的過程，蘇軾泉下有知，又當賦詩幾何？

17

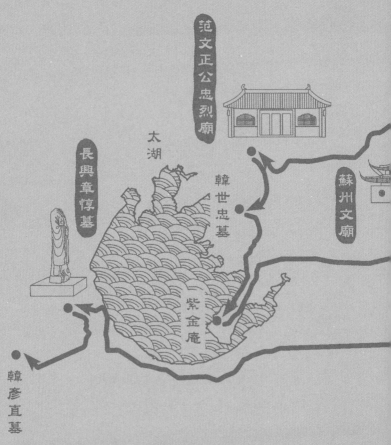

范文正公忠烈廟

長興章惇墓

太湖

韓世忠墓

蘇州文廟

紫金庵

韓彥直墓

蘇州、長興行程：蘇州火車站、范文正公忠烈廟、韓世忠墓、紫金庵、蘇州文廟、滄浪亭、范
氏義莊、玄妙觀三清殿、長興章惇墓、韓彥直墓。

二流人物的悲歡：蘇州滄浪亭

蘇州尋宋，我們先後尋訪吳江東廟橋、天平山范文正公忠烈廟、靈岩山韓世忠墓、紫金庵、蘇州文廟、滄浪亭，景范中學（范氏義莊）、玄妙觀。范仲淹是蘇州永遠的驕傲，蘇州人民在天平山與景范中學永久紀念范仲淹，蘇州火車站廣場上有吳為山創作的范仲淹銅像。蘇州宋代文物豐富，紫金庵有南宋民間雕塑名手雷潮夫婦「精神超忽，呼之欲活」的十六羅漢像；玄妙觀在淳熙六年（1179）重建的三清殿是江南現存最大宋代木構建築，另有《通神先生何蓑衣事實碑》、《詔建三清大殿上梁文碑》、《老君像碑》、《朝旨蠲免天慶觀道正司科敷度牒尚書省劄部符使帖碑》四種宋碑；蘇州文廟宋碑甚多，四大宋碑《天文圖碑》、《地理圖碑》、《帝王紹運圖碑》、《平江圖碑》更標誌着宋代文明以及中國古代科技的高度。

相對而言，滄浪亭在尋宋行程中並不起眼，既缺宋代文物，也沒有顯赫人物，和滄浪亭有關的蘇舜欽、章惇、韓世忠等只能算二流人物。不過，二流人物的悲歡故事，最宜於消除記憶浮誇、回歸歷史真切。

一、朋友，你試過將我營救

把單位的廢紙賣了，換錢與幾個同事聚會飲酒，因為拒絕一位想加入的同事，結果被告發監守自盜，遭徹底封殺。這事發生在慶曆四年（1044），蘇舜欽覺得京城沒法待了，裝了一船圖書，順水行至蘇州，才考慮安頓家小。

詩人總是敏感而偏執，費爾南多·佩索阿（Fernando Pessoa）甚至說，自殺都不足以排遣突如其來的極度倦怠，他的內心渴望是「我從來不曾存在過」。這麼說，蘇舜欽真是小

巫見大巫,他只是想跟魚蟲共生。蘇舜欽這一出其實連玩失蹤都談不上,他只是躲了起來,范仲淹、歐陽修、梅堯臣的安慰信、唱和詩文一封接一封寄來,有時讓他忙得不亦樂乎。還有一些討厭或不討厭的陌生人來信,有些稱得上謬託知己,把他誇得莫名其妙,其實這些人是借着他的遭遇發泄私憤,結果弄得他如臨大敵,板起臉來回信跟人家討論做人的道理(《答李銳書》)。

最受不了的是開封的來信。前參知政事韓億在蘇舜欽出事前去世了,他的兒子韓維(字持國)是蘇舜欽的妹夫,這時寄了封信到蘇州,責怪蘇舜欽做事不成熟,兄弟還在京城,卻不留下來「盡友悌之道」,一個人跑到千里之外自尋煩惱。蘇舜欽回信說:「沒想到你韓維還能說出這樣的話來(此語去離物情遠矣,豈當出於持國之口邪),我倒霉的時候你出現過嗎?現在我自己安頓好了,你來跟我說理性、正義這些大詞,你覺得這樣很有格調是嗎(當急難之時,不相拯救,今又於安寧之際,欲以義相琢刻,雖古人所不能受)?你關心過我在京城的感受嗎?那些人想弄死我你知道嗎(更欲置之死地然後為快)?說我玩失蹤,我不就是怕連累你們這些鬼親戚嗎?你以為你當時沒躲着我呀(故閉戶或密出,不也與相見,如避兵寇,惴惴然惟恐累及親戚耳。偷俗如此,安可久居其間)?」

蘇舜欽出生在開封,受不了南方夏天的濕熱,寫信罵完妹夫,頓時覺得「土居皆褊狹,不能出氣」,整個蘇州城都不想待了,就想找一個「高爽虛闊之地」透透氣。一天他路過郡

學，發現東邊有一處草樹鬱然的濕地，其間有小橋流水、高台空地，據說是吳越國留下來的廢棄池館。蘇舜欽花四十貫錢買了下來，蓋了亭子與書屋。這裏也沒有圍牆，南北盡是竹林，三面環水，從城裏駕舟至此，居於其間讀書觀魚，真正是隔絕人世，與蟲鳥共樂。這就是歐陽修形容為「清風明月本無價，可惜只賣四萬錢」的滄浪亭。

蘇舜欽應該並沒有把家搬到滄浪亭，這是他讀書會友的地方，因此有「獨遊」、「靜吟」之類滄浪亭的詩題。除了在此鑽研《易經》、和詩、回信，他也在周邊州縣遊覽山水。蘇舜欽在滄浪亭有過一次重要接待，為此他寫了一首《郡侯訪予於滄浪亭，因而高會，翌日以一章謝之》。據考證，郡侯應該是慶曆六年（1046）徙任知蘇州的趙槩。蘇舜欽在滄浪亭隆重接待趙槩，並不是因為巴結長官。同在朝中時，歐陽修看不上

趙槩，嫌棄他沒有文采，趙槩也不在意。蘇舜欽被治罪時，並不怎麼參與慶曆新政的趙槩仗義執言，說朝廷懲治名士「觖士大夫望，非國之福也」。後來，歐陽修被彈劾，趙槩又為他辯白，歐陽修「始服其長者」。可以說，趙槩是慶曆同黨以外蘇舜欽最尊敬的官員，滄浪亭高會之後不但仍有和詩，蘇舜欽還為趙槩母親高氏撰寫了墓誌銘。

二、為何舊知己，變不回老友

慶曆八年（1048），政局有所變化，慶曆新政時不在朝中的文彥博出任宰相。蘇舜欽上書表達為國效力的願望，不久復官為湖州長史，不幸未及赴任就因病去世，年僅四十一歲。蘇舜欽的妻子杜氏是前宰相杜衍之女，杜衍已於一年前退休，居住在南京應天府。四年後，歐陽修為蘇舜欽編輯文集，說遺稿是從杜衍家中拿到的，說明杜氏已離開蘇州隨父族居住。蘇舜欽從來不是蘇州人，他的家族世代遊宦，他的祖上五代時是後蜀官員，入宋後才將籍貫遷到京城開封。由於父兄曾在湖州、明州（今浙江寧波）、會稽（今浙江紹興）一帶宦遊，蘇舜欽早年也多次往返於江南，但他一直以為自己只是過客，「我亦宦遊者，吳會非我鄉」（《邂逅劉公尤於平望之西聯舟夜語走筆敘意》），還遺憾無緣長住蘇州，「無窮好景無緣住，旅棹區區暮亦行」（《過蘇州》）。

蘇州並非蘇舜欽的家鄉，杜氏沒有理由在丈夫去世後繼續居住，離開時將滄浪園轉手非常自然。至於買主是誰，就是

一個有趣的問題。一般認為，蘇舜欽之後，滄浪園歸章惇所有，這個判斷的主要依據是葉夢得的《石林詩話》，地方志上也這麼記載。但龔明之的《中吳紀聞》稱：「余家舊與章莊敏俱有其半，今盡為韓王所得矣。」這裏的「韓王」指的是韓世忠，但「章莊敏」不是章惇，而是章楶。因此蘇舜欽之後滄浪亭的主人有三種說法，分別是龔明之的祖上、章楶、章惇。這三家早先都是福建人，二章又是同族，後來先後在蘇州定居。問題是蘇舜欽去世時，章楶二十出頭，章惇才十幾歲，杜氏直接轉讓給他們的可能性不大。而龔家不但真宗時代就因宦遊遷居蘇州，與蘇舜欽還是姻親，龔明之曾祖龔宗元的妹妹嫁給了蘇舜欽的叔父蘇宿。就此而言，杜氏將滄浪亭轉讓給龔氏的可能性比較大。龔家與章楶家也有聯姻關係，龔家後來有可能將

滄浪園轉手給章粢家。章粢雖然善終，但下一代均遭蔡京「傾覆」，章惇晚年雖然遠謫卒於貶所，但子孫尚能持家，因此不排除徽宗朝滄浪亭在章粢與章惇兩家之間又有一次轉手。

變法派對慶曆新政的評價似乎不高。章惇考中進士後，直到父親去世時才回到蘇州。章惇的父親章俞是景祐元年（1034）的進士，應該在出任吳縣主簿時遷居蘇州，致仕後退居蘇州。章惇是王安石變法最堅定的支持者，元豐八年（1085）宋神宗去世時官至知樞密院事。繼位的哲宗年幼，高太后聽政，召回司馬光盡除新法。章惇激烈抵制，不斷嘲弄司馬光，同在朝中的蘇軾居中調解。結果連蘇軾都支持的免役法也被司馬光廢除，章惇在司馬光去世後被趕出朝廷。章惇以侍父為由請求出知蘇州，等朝廷批准時，章俞二人已經去世。接下來章惇被告發在蘇州違法購田，遭降職處分，然後以提舉洞霄宮（在今浙江杭州）的閒職在蘇州居住。

章惇剛到蘇州時，蘇軾在朝中想方設法將新法與宋神宗切割開來，他不知道這種自作聰明的做法只會引起宋哲宗的徹底反感。章惇被人告發違法購田時，反變法陣營內部也相互攻擊。蘇軾無法在朝中立足，不久出知杭州，並修築了著名的蘇堤。章惇有詩讚美蘇堤，有「天面長虹一鑑痕，直通南北兩山春」的句子，但這時蘇軾對章惇的態度比較冷淡。

元祐八年（1093）高太后去世，蘇軾立即被宋哲宗打發到定州，第二年連貶英州、惠州（均屬廣東）。後來的歷史記載說章惇重新上台後刻意迫害蘇軾，非得把蘇軾貶到更遠的儋

州（今屬海南），甚至派人去殺害蘇軾。其實蘇軾遠謫廣東在章惇重新拜相之前，這些記載都是惡意醜化章惇。章惇與蘇軾的關係並不複雜，他們都是在嘉祐二年（1057）考中進士。這次考試蘇軾的名次不高（乙科進士），第一名是章惇的侄子章衡。章惇因為「恥出侄衡下」，過兩年又重新考了一次，但蘇、章二人仍算是同年，早年也是要好的朋友。後來二人政見不同，蘇軾從變法一開始就攻擊新法，還說變法機構制置三司條例司是「六七少年」求利之器，這「六七少年」差不多就是後來《宋史》中的第一批奸臣，章惇就是其中之一。即便如此，烏台詩案時，章惇還為蘇軾說情。高太后聽政時蘇軾冷淡章惇，宋哲宗親政後章惇無力、也無意拉蘇軾一把。這時期兩人恐怕都嚴厲批判過對方的政治主張，但還談不上是結怨結仇、相互報復。

三、你我是敵是友，已沒法看透

蘇軾與章惇本來是詩詞、書法、旅遊、品酒等方面的好友，因為熙寧變法弄得分道揚鑣。關於兩人最可笑的故事，是說早年二人同遊終南山，在仙遊潭，章惇踏木棧在絕壁萬仞間題寫摩崖，蘇軾因為恐高打死也不敢，事後蘇軾開玩笑說章惇「能自拚命者，能殺人也」。這個玩笑，就是後來認定章惇本質上是殺人犯的終極證據，乃至章惇嫌棄名次兩次科考、不肯走後門為兒子謀美差都成了「窮凶稔惡」的罪證。所以說宋人的評價體系，有時頗有點「魔幻現實主義」的色彩——當然這都是北宋亡國之後的事情。

高太后去世後，宋哲宗親政六年，章惇穩穩地當了六年宰相。宋哲宗去世，章惇反對宋徽宗繼位，建中靖國元年（1101）被貶到雷州（今屬廣東），而蘇軾遇赦，獲准北歸。蘇軾抵達京口（今江蘇鎮江）時，章惇之子章援也在當地。章援是蘇軾錄取的進士，因此稱蘇軾為恩師，他寫信給蘇軾，委婉請求蘇軾回朝後不要打擊父親。蘇軾得信非常開心，在回信中介紹自己在煙瘴之地的生活經驗，而這時章惇正在貶謫途中懷念蘇軾的詩句。一個月後，蘇軾去世，章惇則先後被安置在睦州（今浙江建德）、越州（今浙江紹興）、湖州。崇寧四年（1105），章惇在湖州去世，享年七十一歲，數年後被追贈為申國公、太師。章楶在章惇之前三年去世，享年七十六歲，不久其子章縡因為鹽鈔法得罪蔡京。滄浪亭有可能在此數年間轉手給章惇。

章惇墓前殘破的石像生

章惇墓

清代重修的滄浪亭碑　　　　　　蘇州美術專科學校創始人顏文樑塑像

　　章惇成為奸臣，是另一個複雜的故事。一旦將北宋的亡國歸咎於王安石變法，章惇自然難逃罪責。問題是王安石沒有列入奸臣傳，章惇也不是傳說中對王安石反戈一擊的卑鄙小人。章惇受誣的直接原因其實是後宮政治，因為宋高宗的合法性來源於宋哲宗廢后孟氏，孟氏是高太后所立，章惇是高氏的政敵，因此也成了宋高宗的仇人。紹興五年（1135），宋高宗宣告章惇曾誣蔑高太后，追貶章惇，甚至「子孫不得仕於朝」。章氏失勢後，紹興年間（1131-1162）抗金大將韓世忠從章家奪走滄浪亭，滄浪亭由此改稱韓園。章惇去世後葬於湖州長興縣，因被誣為奸臣，其墓地史無明載，二十一世紀初才在盜墓殘餘中被重新確認。

元明時期，韓園廢為寺庵，但仍有文人在庵中尋訪滄浪亭。清康熙年間，先後有江蘇巡撫建蘇舜欽祠與滄浪亭園林。民國時期，滄浪亭先後成為修志局、醫學堂等。1932 年又在此設立蘇州美術專科學校，建起希臘柱廊式新校舍。2000 年，滄浪亭被聯合國教科文組織列入世界遺產名錄。

1103　蔡京拜相

　　　追毀蘇門文字

1104　置書、畫、算學。

　　　重定元祐奸黨三百零九人

1105　宋徽宗崇道

　　　章惇去世

1106　毀《元祐黨籍碑》

　　　蔡京罷相

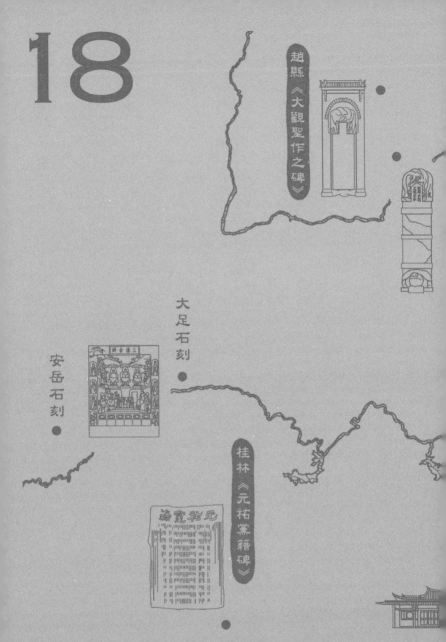

18

趙縣《大觀聖作之碑》

大足石刻

安岳石刻

桂林《元祐黨籍碑》

徽宗四碑分佈圖：桂林《元祐黨籍碑》、趙縣《大觀聖作之碑》、大名《御製大觀五禮之記碑》、莆田《神霄玉清萬壽宮詔碑》。

從聖君到神仙：徽宗四碑

宋代有所謂徽宗四碑，《元祐黨籍碑》在桂林，《大觀聖作之碑》在趙縣，《御製大觀五禮之記碑》在大名，《神霄玉清萬壽宮詔碑》在莆田。

至於足石刻南山造像的三清古洞，是現存宋徽宗重建道教神譜的最直接物證。說實話，大足石刻給我的震撼遠甚於敦煌莫高窟。

宋朝民間完全浸淫於宗教文化，或者說始終屬於孫英剛所謂的「神文時代」，這不必多麼高的學問來論證，看一眼寶頂山摩崖造像，就足以理解民間絢爛的宗教藝術對世俗人心的勾攝能力。從這種角度重新審視宋徽宗的毀佛崇道運動及其高超的藝術造詣，別有意味。

一、宋徽宗不是藝術家

伊沛霞（Patricia Buckley Ebrey）教授的《宋徽宗》（*Emperor Huizong*）中文版於 2018 年出版。這部連作者自己都承認並不怎麼「學術」的作品，試圖要「還原宋徽宗的真實生命歷程」，以「了解之同情」，「從宋徽宗自己的視角出發」，再現「北宋末期的歷史與時代風貌」。或許因為承受着中國學者「道德指責」的壓力，或許出於市場的考慮，在描述宋徽宗的成長歷程與種種政治文化舉措之後，伊沛霞教授無意闡釋宋徽宗獨特統治風格的內在邏輯，沒有解釋北宋崩潰的原因。結果這部《宋徽宗》更像是趙佶文化生活的資料匯編，除了「拋開中國傳統史學符號化的道德指責」的噱頭，似乎無甚新意。

然而，解讀伊沛霞教授的《宋徽宗》同樣不可缺少「了解之同情」。無論她「拋開中國傳統史學符號化的道德指責」時

做得如何小心翼翼，中國同行「敬謝不敏」的立場十分堅定，視角「獨特」或「新穎」就是中國學者表達這種態度的標準辭令。昏君、風流皇帝、誤入歧途的「天才藝術家」這些標籤對於宋徽宗而言並不新鮮，將宋徽宗的政治追求與靖康之難切割開來理解，卻有嚴肅的學術意義。宋徽宗對金國的軍事、外交舉措相當弱智，他必須對靖康之難負責，但宋徽宗是一個欲壑難填、荒淫無道、舉止乖張的君主嗎？是宋徽宗、蔡京繼承的熙豐事業導致了北宋的財政危機、軍事萎靡嗎？如果重用元祐黨人，北宋就能避免一場軍事災難嗎？宋徽宗時期的民變比北宋以往任何時期都更嚴重，那麼北宋即使不亡於金也將會埋葬於民眾的反抗嗎？如果這些設問都沒有確定的答案，那麼宋金交戰前宋徽宗的政治舉措就有理由重新評估。《宋徽宗》之所以令人失望，在於作者本該嚴肅地探討這些問題，結果避重就輕，以「從徽宗的視野來看他的世界」為遁詞，試圖將宋徽宗塑造成不諳權力遊戲、不受陳腐傳統束縛、性格浮誇的政治素人。問題在於，「徽宗的視野」是伊沛霞描述的那樣嗎？回到歷史情境中，我們究竟會發現怎樣的宋徽宗？

伊沛霞講的沒錯，包括「端王輕佻」在內的宋徽宗昏君形象是北宋滅亡後重新塑造的結果。但宋徽宗對宗教與藝術的癡迷，究竟是出於藝術家天才的個性，還是步步驚心的政治謀略？在宋徽宗的視野中，自己是藝術家，還是肩負道義或老謀深算的政治家？這個問題不會太過複雜，回到宋徽宗的時代，或許很多人無法理解宋徽宗，但宋徽宗眼中的自己無疑就是

聖君。

二、《元祐黨籍碑》

宋徽宗自我設定的聖君形象令人難以接受，那是因為史家的視野裏出現了盲區。據說徽宗退位前下過罪己詔，罪己詔上的徽宗形象比較符合後世史家的需求，但那完全不是宋金交戰之前徽宗對自己的定位。宋徽宗把司馬光、蘇軾等人列為元祐奸黨，自古正邪不兩立，如果元祐黨人都是正人君子，宋徽宗自然萬劫不復。但在「徽宗視野」中，元祐黨人是破壞父兄神聖政治事業的禍害與奸臣，徽宗朝修成的《哲宗實錄》如果有《奸臣傳》，絕對少不了文彥博與司馬光這兩位罪魁禍首。無論從君主制還是儒家倫理的角度，司馬光等支持「以母改子」而否定「子承父業」，就為政敵們指控其奸邪提供了確鑿證據。不管多大程度上是出於私心，打擊元祐黨人的理論依據相當充分，宋徽宗將其打成奸黨時，他眼中的自己一定光輝而神聖。

雖說徽宗朝的史料不是那麼豐富完備，李燾《續資治通鑑長編》的徽宗部分也基本散佚，但哪怕利用清代重輯的《續資治通鑑長編拾補》，也能輕易發現徽宗朝政治史的發展脈絡。在短暫的「建中靖國」穩定皇位之後，崇寧時期（1102-1106）徽宗朝徹底否定元祐政治與學術，繼承與發展熙豐新法，這時期史書記載的三大主題是黨禁、理財與西北用兵。改元大觀時，宋廷已沉浸在「功成治定」、「緝熙太平」的氛圍之中，

開始放鬆對元祐黨人的禁錮，施政的重點轉向了教化。徽宗的教化事業經歷了八行教育、禮制新編與道教崇祀三個階段，整個過程不但以否定元祐學術為起點，對儒學義理化趨勢更是反其道而行之。

其實宋徽宗的重點是否定元祐路線，而不是迫害元祐黨人，因此確立「崇寧路線」之後，黨禁就有所放鬆。據陳樂素的考證，元祐奸黨三百零九人中，流放嶺南有三十二人，但貶死多在宋哲宗親政時期，崇寧年間（1102-1106）再貶嶺南者多數遇赦北還，政治迫害的嚴酷性至少比不上紹聖年間（1094-1097）。而且徽宗時期的黨禁基本消除了慶曆以來此起彼伏的黨爭，因此在「徽宗的視野」中，黨禁算是他的得意之作，算得上是老謀深算，收放自如。唯其如此，他才會把奸黨名籍刻石立碑，頒行天下。

崇寧年間的黨人碑有三種。第一種是崇寧元年（1102）一百二十人黨人碑，徽宗御書，立於臣僚們每日入朝的必經之地端禮門。第二種是崇寧二年（1103）九十八人黨人碑，除去一百二十人名單中的武臣與內臣，立於各州、軍、府衙。第三種是崇寧三年（1104）三百零九人黨人碑，這個名單第一位是廢新法的司馬光，最後一位是反對立宋徽宗的章惇，由徽宗御書立於文德殿東壁，再由蔡京書寫頒之天下，立碑的範圍可能遍及州縣。到了崇寧四年（1105），宋徽宗就宣告大赦天下，黨人內徙，並下令除毀黨人碑，因此黨人碑理論上只存在了短暫的三四年。南宋時熙豐之政遭到全面否定，元祐奸黨的身份

宋徽宗畫像

搖身成了光榮榜,「夫前此一時之屈,而後此萬世之伸」(饒祖堯《龍隱巖元祐黨籍跋》),黑名單成了子孫推恩的依據,於是有人重刻以為家族光寵。

元祐年間(1086-1093)的尚書左丞梁燾,紹聖年間(1094-1097)貶死於化州(今屬廣東),卒後不得歸葬,家屬被勒令在昭州(今廣西平樂)居住,崇寧年間自然列入黨人碑。到了慶元四年(1197),正是韓侂胄打擊道學(慶元黨禁)最嚴厲的時候,梁燾的曾孫梁律時任靜江府(今廣西桂林)的武官,他徵得通判饒祖堯的同意,在桂林龍隱巖重刻崇寧三年(1104)的《元祐奸黨碑》,並改題為「元祐黨籍」,文末有饒祖堯題跋。此外,又有廣西融水縣真仙巖的《元祐黨籍碑》摩崖,為黨人沈千的曾孫沈暐重刻於嘉定四年(1211)。不過,兩處摩崖的形制與文字多有出入,一般認為龍隱巖摩崖更接近蔡京所書原本。

三、《大觀聖作之碑》

元祐黨禁的重點,是徹底否定元祐黨人的政治與學術路線。司馬光的史學、蘇軾的文學、二程的義理儒學,都是宋代學術的巔峰之作。宋徽宗要否定元祐學術,難道還能廢除史學、文學、義理儒學嗎?沒錯,這就是宋徽宗要做的。大觀三年(1109),宋徽宗有御筆說,地方學校建藏書閣「皆以經史為名」,明顯違背他剛剛宣佈的「崇八行以迪多士,尊六經以黜百家」的教育方針,並質問「史何足言」?明確否定史學的

價值，並下令將藏書閣都改名為稽古。這看上去非常無聊，好像也不是刻意針對司馬光。但再看一條記載，錄取新科進士後，皇帝照例應該賜詩，政和二年（1112）宋徽宗沒有賜詩，改為賜箋，原因是之前朝廷已經下詔禁止士人學習詩賦，同時也禁士人學習史學。這是不是更無聊呢？《文獻通考》的作者馬端臨就明確指出，這種荒唐的政策直接針對司馬光與蘇軾，他記載說：

> 尊經書，抑史學，廢詩賦，此崇、觀以後立科造士之大指，其論似正矣。然經之所以獲尊者，以有荊舒之三經也；史與詩之所以遭斥者，以有涑水之《通鑑》、蘇黃之酬唱也。

「尊經書」，尊的是王安石的《三經新義》；「抑史學」，抑的是司馬光的《資治通鑑》；「廢詩賦」，廢的是蘇軾及其門人的文學作品——這是宋徽宗徹底否定元祐學術的具體內容。

廢除元祐學術之後，取而代之不只是王安石的《三經新義》，宋徽宗更有自己的創新，「方今崇八行以迪多士，尊六經以黜百家」，「崇八行」就是他自己的發明。宋代科舉制度不斷變革，王安石時期，為了改變在家自學、到官府一考定終生的選拔方式，發明「三舍法」，把太學分為外舍、內舍、上舍，加強太學對士人的直接培訓。宋徽宗時，蔡京把三舍法推廣到州縣。而宋徽宗覺得人才選拔，才智尚在其次，思想品德才更重要，於是提出品德高尚者應該直接授官。宋徽宗要求各級官府推舉具備孝、悌、睦、姻、任、恤、忠、和八種德行的人，違背「八行」則受懲罰，謂之「八刑」。其中「忠」看

似排在「八行」的第七位，但徽宗引孔子的話說，「其為人也孝悌，而好犯上者，鮮矣。不好犯上，而好作亂者，未之有也」，「孝悌」的標準即是不犯上作亂。至於「八刑」，「不忠之刑」就毫不含糊地列於首位，具體內容包括「謀反、謀叛、謀大逆及大不恭、詆訕宗廟、指斥乘輿」，任何說皇帝壞話的人都不能上學、當官。

宋徽宗在大觀元年（1107）三月發佈這道《八行取士詔》，六月要求各地學校刻石立碑，稱「學校八行八刑碑」。隨後，各地又以宋徽宗御書的《八行取士詔》刻石，並由蔡京題額《大觀聖作之碑》。該碑當時遍及全國，至今仍保留十餘種，其中以河北趙縣與平鄉、河南新鄉、山東泰安岱廟遺存最為高大，書法碑帖則以陝西西安碑林博物館所藏原乾縣《大觀聖作之碑》拓本最為知名。

河北趙縣的《大觀聖作之碑》原是文廟遺物，後立於縣生產資料公司院內，通高五點六米，是現存《大觀聖作之碑》中最壯觀、最完整的一種。碑在一片長滿雜草的空地上，四周是雜亂的廠房、公司，碑體砌於碑亭之中，又以鐵柵護衛，雖然可以隨時尋訪，但字體與紋飾難以細緻觀摩。

四、《御製大觀五禮之記碑》

王安石變法的最低綱領是富國與強兵，最高綱領是「一道德、同風俗」。崇寧年間（1102-1106），宋廷否定元祐之治、恢復熙豐路線之後，通過數年的理財與用兵，徽宗感覺富國強

兵的目標已經超預期完成，今後要把工作的重心轉移到「一道德、同風俗」上來。達成這個目標不能依靠「八行八刑」。「八行取士」的效果很難評述，但在徽宗朝一直實行，在南宋也有迴響。「八行取士」的人數遠不及科舉，社會影響也不大，很多人獲得了「八行」的錄取資格卻堅持走科舉的道路。

宋徽宗推進「一道德、同風俗」的主要途徑是重新制禮作樂，這是編年體史書中大觀（1107-1110）、政和年間（1111-1117）的重要事件。為此宋徽宗於大觀元年設立專門機構「議禮局」，親自撰寫冠禮部分作為範本。此後的編撰工作也由徽宗親自指導，臣僚們「悉稟訓指，靡所建明」，只是忠實地呈現徽宗的構想，絕不提出自己的意見。這部禮書在大觀年間就已修成，實施細則的制訂則拖到政和年間，原定書名《大觀五禮》也改為《政和五禮新儀》。宋徽宗為這部禮書提出的書面指導意見以及臣僚們的請教記錄，都保留在禮書的卷首，篇幅竟達一萬餘字。通過這些記載，就會發現在當時君臣的「視野」中，宋朝已經進入「功成治定」的太平盛世，上天賦予宋徽宗的神聖使命，就是通過制禮作樂回歸黃金時代、創造極樂世界，「巍乎三代之隆矣」！

《政和五禮新儀》不但博古通今，而且展現了宋徽宗實現「一道德、同風俗」的非凡創舉，破除了「禮不下庶人」的陳腐傳統。新禮制的適用範圍不限於天子臣僚、王公貴戚、儒生士大夫，庶民百姓也須嚴格執行，「其不奉行者論罪」。為了推行新禮，不但廣泛發行禮儀簡明手冊，還在各地培訓「禮

生」加以推廣、監督，民間習俗所依賴的媒妁卜祝，必須到官府接受禮生們的思想改造（民間喪葬婚姻，禮生輒脅持之，曰「汝不用《五禮新儀》，我將告汝矣」）。結果，按照陸游的說法，差不多新娘披個白色婚紗就被說成賣國賊，新郎只好給禮生塞紅包賠笑臉求他不要扯淡了。

《水滸傳》中有位北京留守梁中書，讓楊志押送生辰綱給嶽丈蔡京，由此引出智取生辰綱的故事。這位梁中書的原型，應該是政和年間（1111-1117）兩次出知大名府的梁子美。大名府在晚唐是魏博節度使的治所，太和三年（829）何進滔成為魏博節度使，開成五年（840）去世時，唐文宗為他立了一通德政碑，由柳公權撰文並書丹。該碑高十二米有餘，號稱中國存世最高的巨碑，其實比曲阜景靈宮的萬人愁碑略低。王安石變法的時候，曾經教導過神宗皇帝，說唐太宗之流不值得追慕，堯舜之治才是效仿的對象。於是，梁子美出知大名府時，把何進滔德政碑上柳公權的碑文磨平，改刻《御製大觀五禮之記》。明代前期，大名舊城為洪水所淹，該碑淤埋於地下，明嘉靖年間重新掘出時已斷為九塊。1987年，大名縣文保所將斷碑運至縣石刻博物館，1988年吊裝修復後重立。只是碑文早已浸漶，唯篆額仍相當清晰。問題是宋代文獻中並沒有一篇《大觀五禮之記》，查閱方志錄文，發現碑文近似於《政和五禮新儀序》而略有不同，特別是最後一句，「記其事，刻之因……」被改成「記其製作之因……」。顯然大觀年間（1107-1110）修成《大觀五禮》時，宋徽宗寫過一篇記文準備刻石，

後來因編寫儀注而改名《政和五禮新儀》，宋徽宗又據大觀記文改寫政和新序。梁子美刻石時禮書尚未改名，推測刻石時間當在他第一次出知大名的政和二年（1112），而非一般資料中所說的政和七年（1117）。

「禮下庶人」的運動當然並不成功，但宋徽宗也非罔顧民意、頑冥固執之徒，而是頗具靈活機智的政治手腕。宣和元年（1119），他就承認「立禮欲以齊民，今為害民之本」，便停止在民間推行政和五禮。宋徽宗並沒有就此放棄「一道德、同風俗」的崇高理想，他總結教訓，以民為本，既然「禮」不能下庶人，何不將「俗」立為國家體制？一套更加新穎、更加接地氣的「一道德」方案已經醞釀成熟——就在那年，他下令將御製御書的《神霄玉清萬壽宮詔》在各地刻石立碑，以此宣揚「道者」「可使一世之民舉得其恬淡寂常之真，而躋於仁壽之域」的「真理」。

五、《神霄玉清萬壽宮詔碑》

近些年還有文史名家以「天人之際」這樣的題目來討論「中國古代思想起源」，其實相關問題王國維、傅斯年已經闡釋得相當透徹。孔子說「敬鬼神而遠之」，本來就說明儒學與巫鬼文化若即若離的關係。孔子崇拜周公，周公的文化措施是制禮作樂，講求「親親尊尊」，胡適在《說儒》又指出儒生其實是治喪事的儀式專家，因此早期儒學的根本是禮制。到了漢代，儒學一方面重新神學化，另一方面更強調三綱五常的倫理

秩序。宋代的程朱理學被稱為新儒學，講究「格物致知、正心誠意」那一套，相當於一場新教革命，思想觀念上嚴重背離傳統，被指為「偽學」並不全是冤枉。後來理學正統化，程朱成了孔孟的直接傳人，這個過程就被現代史家稱為儒學的義理化。宋徽宗的教育方針，禁止了司馬光為代表的史學、蘇軾為代表的詩賦，元祐奸黨程頤的理學也不能是漏網之魚。如果說儒學由先秦至宋代經歷了巫鬼、禮制、倫理、義理四個不同的階段，那麼宋徽宗政治文化就是反其道而行之，由「八行八刑」的倫理走向《政和五禮新儀》的禮制，「禮下庶人」運動失敗後，再進一步就該是巫鬼登場了。

宋徽宗的辦法很巧妙，他以「道」作為核心概念，試圖將儒學與道教合二為一。早在政和三年（1113），宋徽宗建了一座新的皇家道觀玉清和陽宮，裏面構建了一個新的道教神系，包括三清、玉皇、聖祖、北極、天皇、聖后、後土，這就是宋代出現的三清六御系統，把趙宋的聖祖與聖後挪走就是道教後來的三清四禦。包括兩位女性的宋代三清六禦造像十分罕見，近年來越來越多研究者相信，大足石刻南山造像的三清古洞就是這個神系的實物證據。

三年之後，宋徽宗宣告，南郊所祭的「昊天上帝」就是道教玉皇大帝，因此給「天」上新尊號「太上開天執符御曆含真體道昊天玉皇上帝」。儒家最高神「昊天上帝」屈居於道教三清之下，這個組合簡直把朱熹給氣瘋了。如此這般，皇帝既然是天子，自然也是玉皇大帝的兒子，所以宋徽宗又說他是上帝

《神霄玉清萬壽宮詔碑》

莆田元妙觀三清殿

長子「神霄玉清王南極長生大帝君」，從此自稱「道君皇帝」。京城的玉清和陽宮、各地為他祝壽的天寧萬壽宮，也統統改稱「神霄玉清萬壽宮」，以奉祀他「長生大帝君」與留在天上的弟弟「東極青華大帝君」。為此他親撰並書寫了一篇記文，這就是《神霄玉清萬壽宮記》。

據說，蔡京的故鄉福建莆田是最早為《神霄玉清萬壽宮記》刻石立碑的地方，碑額「御筆手詔」四字乃蔡京之子蔡絛所題，此碑今天仍立於莆田元妙觀宋代古建三清殿側。莆田也是媽祖的故鄉，福建歷史上巫風濃厚，被理學家視為淫祀的民間祠廟遍佈城鄉。既然庶民百姓無法接受政和五禮，何不迎合他們的口味，把自己改造成神仙供民間奉祀，既能「一道德、同風俗」，又能從根本上否定元祐奸黨的異端邪說！因此徽宗在碑文中宣稱，他將「崇道」以「革末世之流俗，還隆古之風」。這時徽宗離他的終極理想已經無限接近，浙西的方臘、京東的宋江也開始起兵造反。

1107　蔡京復相

　　　以「八行」取士，以御製「八行八刑」刻石。

　　　建顯烈觀於陳橋

　　　程頤去世

1108　河東、河北起事。

1109　蔡京罷相

1110　修《大觀禮書》

1111　改《大觀禮書》為《政和五禮新儀》

　　　童貫使遼，燕人馬植獻取燕議。

1112　五國部長朝於遼，完顏阿骨打獨不起舞。

1113　女真反遼，完顏阿骨打為都勃極烈。

1114　完顏阿骨打起兵反遼

1115　完顏阿骨打稱帝，建金國。

1116　道士林靈素稱宋徽宗乃南極長生大帝君

1117　宋徽宗自稱教主道君皇帝

1118　宋金使臣互通

　　　頒宋徽宗御注《道德經》。

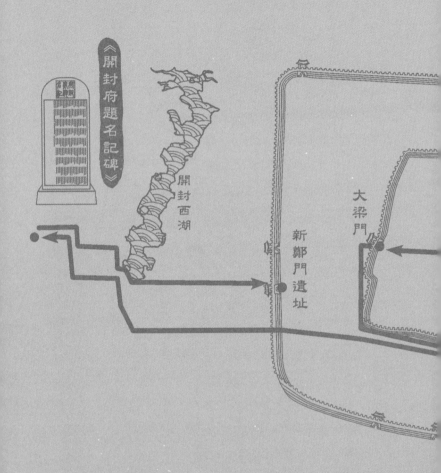

19

《開封府題名記碑》

開封西湖

新鄭門遺址

大梁門

開封行程：鐵塔公園、龍亭景區、大梁門、繁塔、
《開封府題名記碑》（開封博物館）、新鄭門遺址。

鐵塔

繁塔

東京千年夢華‥‥開封二塔

今天的開封在極力打造北宋東京的繁華盛景，除著名的鐵塔公園外，又有清明上河園、大相國寺、開封府、包公祠、天波楊府、金明池、宋都御街、礬樓等以北宋東京為主題的旅遊景點。開封西北隅的清明上河園依據張擇端名畫《清明上河圖》設計構建，1992 年動工興建，1998 年正式開放，是全新的民眾娛樂場所。大相國寺始建於北齊，北宋為皇家寺院，明代仍有保留，但毀於明末李自成圍攻開封時，清代得到重建。1927 年馮玉祥遣散寺僧，改相國寺為中山市場，日軍統治時期恢復寺院，新中國成立後對寺內古建進行修繕，1992 年批准為宗教活動場所。開封府與包公祠也毀於明末，1980 年代後才作為旅遊景點重建。天波楊府是指楊業府第，楊業去世後改為孝嚴寺，毀於宋末，1994 年重建。金明池在外城西郊，原為北宋水軍操練場，後改為皇家水上園林，也毀於宋末，十多年前規劃重建未成，今天似乎是一個房地產開發項目。此外，取材於北宋酒樓的仿古建築礬樓建於 1988 年，作為仿古商業街的宋都禦街形成於 1991 年。至於著名的龍亭景區，是北宋皇宮及明代周王府所在，明末李自成三攻開封時遭到水淹。清初在此設貢院，康熙年間（1662-1722）建萬壽亭，又稱龍亭，雍正年間（1723-1735）擴建為萬壽宮。

開封真正的宋代文物當中，鐵塔景區非常熱鬧，繁塔並未建成旅遊景點。開封府與包公祠內的《開封府題名記碑》都是複製品，原碑在開封博物館少人問津。

一、郭京與《六甲天書》

讀宋史讀到郭京六甲神兵這一節，總覺得畫風突變、節奏凌亂。金兵圍攻開封城已有一月，其時天寒地凍，入城無門。這時一個自稱能撒豆成兵的神漢要求防禦部隊從城牆四壁

撤走，他要派出數千神兵出城攻殺金軍。結果，神兵一觸即潰，郭京趁亂逃遁，金軍攀上開封外城四壁。即使這時，開封城內仍然人多勢眾，軍民準備巷戰。金軍十分忌憚，不敢入城，以屠城相威脅，要求宋廷投降，然後擄走徽、欽二帝。這就是靖康之難。

如何才能理解宋廷君臣會輕易相信一個神漢，徽、欽二帝毫無抵抗就被金軍擄走呢？老子的《道德經》說：「夫唯不爭，故天下莫與之爭。」宋徽宗的《御解道德真經》講：「以道蒞天下者，莫之為而常自然，無攻戰之禍，無殺戮之刑，是之謂不傷民。當是時也，神與民兩不相傷，而德交歸焉。」宋廷在靖康之難中的表現，似乎是在踐行這種神乎其神的理論。王朝的命運，或許維繫於宋徽宗對道家哲學某種真摯的情感。

至於郭京的六甲神兵，就必須講一講金庸的「射鵰三部曲」了。「射鵰三部曲」的主人公分別是郭靖、楊過、張無忌，都是抗擊金元的大英雄。而導致北宋滅亡似乎是一句詩，叫做「郭京楊適（適）劉無忌」，詩句中三個人物與三部曲主人公的對應關係一目了然。宋欽宗時，宰執大臣孫傅算得上憂國憂民的忠義之士，東京淪陷前說過「祖宗法惠民，熙豐法惠國，崇觀法惠奸」這樣的話，靖康之難後絕食而死，南宋追諡「忠定」。但就是他，在金軍圍城之時，因為讀到丘濬《感事詩》有一句「郭京楊適劉無忌，盡在東南臥白雲」，便找了郭京這個神漢來禦敵。

這個丘濬不是明代海南的那位理學大家，而是北宋黟縣

（今屬安徽）的官員，是一名道教愛好者，據說他讀《周易》而悟「損」「益」兩卦秘旨，掌握了預知未來的能力。為了親近道教聖地茅山，丘濬還要求到句容（今屬江蘇）當縣官。他活了八十一歲，傳說離世後屍解成仙。丘濬生前身後名聲都不大，現在只能在地方志中找到他的傳記資料。憂國憂民的孫傅為甚麼要在意丘濬的一句奇怪的詩呢，恐怕不是毫無原因。丘濬曾經受過一次處分，從中央貶到地方，原因是他作了一百首詩「訕謗朝政」，而且「言詞鄙惡」，「以陰陽災變，皆非人臣所宜言者」。這事發生在慶曆四年（1044）范仲淹實施新政時，估計丘濬蒙中了慶曆新政之後政局變化的某些趨勢，被某些人傳為神仙，也讓孫傅驚為天人。

孫傅因為丘濬的預言而相信郭京有某種魔力。雖然朝廷檢驗過郭京的法術，據說能讓老鼠隱身，但期待老鼠隱身、六甲禦敵本身也要有理論依據。金庸武俠世界第一號功夫秘籍《九陰真經》的作者叫做黃裳，《射鵰英雄傳》中周伯通對郭靖說：

> 咱們大宋以前有個皇帝，叫做徽宗。徽宗皇帝信的是道教，他於政和年間，遍搜普天下道家之書，雕版印行，一共有五千四百八十一卷，稱為《萬壽道藏》。皇帝委派刻書之人，叫做黃裳……他生怕這部大道藏刻錯了字，皇帝發覺之後不免要殺他的頭，因此上一卷一卷的細心校讀，不料想這麼讀得幾年，他居然便精通道學道術，更因此而悟得了武功中的高深道理。他無師自通，修習內功外功，竟成了一位武功大高手。

黃裳成了武功大師自然是小說家言，他受命在福建雕版《政和萬壽道藏》卻是歷史事實。這部歷史上首次雕版的道藏早已亡佚，但明代道藏中北宋以前的部分應該不會超出《萬壽道藏》收錄的範圍。《萬壽道藏》中雖然沒有《九陰真經》，卻有一部《上清六甲祈禱秘法》，開篇是這麼寫的：

　　昔時，東華大帝上朝，元始上帝、太上道君、老君、玉帝、紫微大帝皆聚會於丙寅宿胃天宮。時，東華帝君起立於眾聖之前，曰：臣有《六甲天書》三卷，意欲流傳閻浮提世界，受持行用。切見未來世中，刀兵凶亂，黎民失業，父子相離，不能相救。令傳上士，受持行用，佐國治亂，驅使六甲六丁，天遊十二溪女，那延五天女，共為一部。陰陽之神，神通廣大，位下三員大將，各管鬼兵百萬。今分為三卷上呈，按法以傳。是時，元始天尊省覽所陳，付玄元老君流行於世。厥後，老君遂授尹喜先生傳於凡世。老君乃還太清宮，世人得受六甲六書，自此始也。從古至今，抄寫多失六丁六甲之名，及天遊十二溪女、那延天女、三員大將名號，用之不神。如得此書，須憑本師上壇傳度，方可行用也。佐國治亂，扶危救民疾苦，九祖升仙。此書能使六甲六丁之神，能召天遊十二溪女、那延天女，能使鬼兵三大將，能使百萬鬼神，能召風雲雷雨，能破軍寨，能使木牛木馬，能使壁上畫人走動，能令百草冬月放花，能追地下鬼神及地下伏藏之寶，能令行法人身飛千里萬里，能關水火刀兵，能敵百萬之眾，善射弓箭萬無一失，能攝星月之神使之相見，能召請五方帝君及三官五星降下凡，所欲之物，皆得如意也。

這裏的情節過於魔幻，但要求重新向凡間傳授《六甲天書》的是誰呢？是「東華大帝」，也就是「東極青華大帝君」。沒錯，他是道君皇帝「南極長生大帝君」宋徽宗在天界的弟弟，道君皇帝下凡統治宋朝的時候，把天上的事務託付給了弟弟東華大帝。現在宋朝京城被圍，哥哥在凡間有難，弟弟要拿《六甲天書》來救哥哥了！人物關係弄清楚了，現在假設你是靖康年間（1162-1127）宋朝的大臣，摸着良心說，面對郭京驅使六甲神兵消滅金軍這種魔幻情節，你真的敢說打死我也不信嗎？

二、繁塔

開封城並未毀於靖康之難。

北宋的開封有宮城、內城、外城三重城牆，外城南北約七點六公里，東西約七公里，略呈菱形，底部寬約十八米，高約十二米，取虎牢（關）土築成，「堅密如鐵」。正南的三重城門由內而外分別為宣德門、朱雀門、南薰門，城外護龍河闊三十餘米。開封地勢西北高、東南低，金軍重點從東南攻城，幾次被宋軍擊退。郭京的六甲神兵從南壁東門即宣化門（俗稱陳州門）出擊，潰散之後，金軍攻破宣化門登上城牆。

經過圍攻與擄掠的開封城雖然滿目瘡痍，卻完整保留了下來。靖康二年（1127）春，金軍逼令張邦昌稱帝，然後撤退。不久張邦昌退位，宋高宗趙構在南京應天府即位，並委任宗澤為東京留守。宗澤重建開封城的守禦體系，接連上奏疏請

趙構回鑾。趙構卻逃至揚州，宗澤憂憤而卒。杜充、上官悟接任東京留守後，禦敵無方。金軍於建炎四年（1130）再次佔領開封，立劉豫為帝，拆毀宋真宗出生的景靈宮以及徽宗時由秘書省改建的明堂。金代天會十五年（1137）金人廢劉豫，完顏兀朮在開封設行台尚書省，稱汴京，成為金國南方的統治中心。紹興九年（1139）宋金和議時，金一度同意將開封在內的河南之地歸還宋朝，但隨後毀約再次進佔。岳飛恢復中原失敗後，金朝才完全佔據開封。金朝前期開封極為破敗，「舊京自城破後，瘡痍不復」，「新城內大抵皆墟，至有犁為田處」，「四望時見樓閣崢嶸，皆舊宮觀、寺宇，無不頹毀」。金代天德元年（1149）完顏亮發動政變奪取政權，貞元元年（1153）遷都燕京（北京），並稱汴京為南京，開始修復北宋皇宮。貞元三年（1155）皇宮火災，正隆元年（1156）完顏亮下令重建，所

費不可勝計。這次重建包括在城內建了一座馬球場，在景靈宮遺址營建金朝太廟，南宋樓鑰在《北行日錄》中描述大內「新造一如舊制」。大定元年（1161）皇宮建成，完顏亮遷都汴京並起兵南侵，隨即為將士所殺。金世宗繼位後還都燕京，貞祐二年（1214）燕京遭蒙古進攻，金宣宗再次遷都汴京，並擴建子城（內城），其南北城牆一直保留至今。

金元的汴京攻防戰，激烈程度遠甚於靖康之難。蒙軍在城牆四面各置炮一百餘座，城牆上木構建築均為摧毀，城牆則「唯凹而已」，金將赤盞合喜以「震天雷」、「飛火槍」等火器還擊。天興元年（1232）金哀宗出逃，蒙軍雖未屠城，戰後「出葬者」也有「百餘萬人」。元初蒙古統治者把開封周圍的農田變為牧場，此後外城逐漸毀壞，只剩裏城，開封城開始衰落。

元末起事中，韓林兒、劉福通的龍鳳政權一度在汴梁建都。元軍於至正十九年（1359）重新佔領汴梁，九年後被朱元璋攻佔，稱北京。明朝開封的城牆以宋代裏城為基礎，全城以磚包砌。朱元璋第五子周王朱橚就藩於開封，又建周王府。開封是宋、金故都，在明朝仍被認為有「王氣」，有「天下藩封數汴中」的說法。周王營建的周王府又逾越規制，城門高達五丈，遠超「王城高二丈九尺五寸」的標準。周王還一度與姪子朱允炆爭奪皇儲之位，結果被廢為庶人，流放至雲南蒙化。燕王朱棣奪位之前，建文帝朱允炆在開封「鑱王氣」，拆毀王府內的銀安殿、唱更樓、尊義門樓，封堵東華門，並進一步毀壞

王府外的繁塔，使其僅剩三級。

　　繁塔是北宋舊物，原有九層，高七十餘米，又名天清寺塔。天清寺建於後周顯德二年（955），以周世宗生日天清節為名。柴榮去世，殿前都點檢趙匡胤發動陳橋兵變，七歲的廢帝柴宗訓安置房州（今湖北房縣）以前就被軟禁在天清寺。開寶七年（974），天清寺迎奉定光佛舍利，寺僧發誓建塔。太平興國三年（978），原泉漳國主陳洪進施捨銀五百兩，隨行官員隨捐，引發民眾捐贈熱潮，除錢銀、石料、佛像外，又捐車、牛、醋、菜等，應有盡有。繁塔歷十六年而修成，是六角形樓閣式磚木佛塔，原名興慈塔或天清寺塔。因建於繁台而俗稱繁塔，「繁」音「婆」，傳說為繁姓人長期聚居之所。靖康

之難與蒙金戰爭中，繁塔屹立不倒，但元人游繁台的詩句稱「聯鑣沽酒上繁台，千古興亡一回顧。百鳥喧啾塔半摧，荊榛掩映台前路」。「荊榛掩映」說明繁台四周一片荒廢，「塔半摧」意味着繁塔已有殘損。明初鏟王氣時繁塔「七級去其四」，最高二級一般認為毀於元初的雷擊。繁塔所在的天清寺毀於元末戰火，明代天清寺舊址並存有國相、天清、白雲三寺。明末李自成軍包圍開封，明軍決黃河水，開封被淹，繁台三寺盡毀，惟三級繁塔尚存。清代康熙年間（1662-1722）重建國相寺，並在三級繁塔上加建七級小佛塔，高不足九米，與原三級佛塔構成編鐘及鐘紐的造型，非常獨特。

雖被列為河南省第一批重點文物保護單位，繁塔仍不斷遭受人為破壞，文物部門的保護措施是砌牆封堵塔門。1976年春節塔內木梯被縱火點燃，1978年東基座一角被炸毀。直到 1982 年，繁塔才啟動加固修復工程。繁塔外壁塔磚全部雕塑佛像，一磚一佛是繁塔最引人注目的景觀。所存三級共有六千九百二十五塊磚，一百零八種佛像造型，多數為宋代原件，少部分是明代修補的複製品，修復時損壞嚴重，經安陽某製磚廠老工人模製後修補。

繁塔周圍至今仍民居雜處，道路狹窄混亂，駕車難至，十分冷清。但登塔遊覽，不但可以觀賞一百零八種精美生動的佛教磚雕造像，還能看到陳洪進等人的捐施題記、太平興國年間（976-983）趙安仁書寫的《金剛經》等佛經碑刻，以及金元以來的詩文題記。

開封鐵塔

三、鐵塔及《開封府題名記碑》

2015 年，我與老沈從開封驅車尋訪四十公里外的陳橋驛時，經過一座黃河浮橋，但宋代的黃河遠在一百五十公里外的澶淵（今河南濮陽）。金代以來，黃河改道南流，開封河患頻繁，自然環境遭受嚴重破壞。據統計，金至清的七百年間，黃河決口五十四次，多次改道。紹熙五年（1194）黃河決口，流經開封城北四十里處。明代洪武二十四年（1391）黃河再次決口，河道在開封北五里，今天黃河河道與開封城也僅相距十五公里。明代洪武二十年（1387）、天順五年（1461）、崇禎十五年（1642）與清代道光二十一年（1841）河水四次決口侵城，其中崇禎十五年明軍水灌李自成軍，開封人口從三十七萬減至三萬，今天城內的潘家湖、楊家湖等湖泊即這次水淹而成。道光二十一年決口淹城持續半年，一度有遷移省會之議。長期的河患導致開封河道淤塞，航運不通。周圍農田淹沒，河堤高懸，林木消失，黃沙蔽日，景象荒涼，「遙望之無異沙漠」。1923 年康有為遊開封，題詩云：「遠觀高寒俯汴州，鐵塔繁台與雲浮，萬家無樹無宮闕，但見黃河滾滾流。」

1938 年 6 月日軍侵佔開封，8 月國民黨軍隊決開黃河花園口大堤，開封交通中斷。雖然開封城東北的鐵塔歷經磨難仍威武不屈，但日軍攻城時中炮數百發，塔頂寶瓶遭飛機襲擊，中彈六十餘發，遍體鱗傷。新中國成立後，毛澤東稱鐵塔象徵「中國人是打不倒的」，要求「把它修起來」，因此，1954 年文化部撥專款全面修復鐵塔，並開闢鐵塔公園。

繁塔和鐵塔塔身上的佛像浮雕

鐵塔所在的開寶寺建於開寶三年（970），前身是北齊時的獨居寺與唐代的封禪寺，北宋禮部貢院曾設於寺內，一度聚集全國舉子。熙寧五年（1072），出身貴族的日本天台宗僧人成尋以六十二歲的高齡渡海在杭州登陸，數月後往開封巡禮名剎，又轉道山西禮拜五台山。從五台山返回開封後，成尋受宋廷邀請主持譯經工作，並在開寶寺居住，直至元豐四年（1081）去世，遺骸葬於天台山。他生前撰寫的中國見聞錄《參天台五台山記》成為研究宋史的重要史料。開寶寺毀於靖康之難，金代重修改名光教寺，元代稱上方寺，明代稱祐國寺，清代稱大延壽甘露寺，清代道光二十一年（1841）水災中寺院磚石被拆解護城，此後再未重建。

　　宋太宗時，開寶寺為供奉佛舍利而建八角十三層木塔，高三百六十尺（合一百餘米，比現存中國最高的塔定州開元寺塔還高二十餘米），監造者有《木經》的作者喻皓以及界畫大師郭忠恕。木塔號稱「天下之冠」，賜名福勝塔，宋真宗時因塔頂放光改名靈感塔，慶曆四年（1044）毀於雷擊，皇祐元年（1049）宋仁宗下詔重建。為防雷擊，改以琉璃磚重建寶塔，形制構造模仿木塔，仍為八角十三層樓閣式建築，高五十五米。由於琉璃釉面呈褐色，遠望似鐵，俗稱鐵塔。

　　在開封尋宋，不可錯過的除了繁塔與鐵塔，又有《開封府題名記》碑。該碑原在北宋開封府內，刻有建隆元年至崇寧四年（960-1105）年共一百八十三任知府的姓名，名下附任期與職銜，其中「包拯」兩字已被指痕完全磨滅。崇寧四年

《開封府題名記碑》碑亭

《開封府題名記碑》

（1105）以後，開封府長官改稱府尹，因此另刻《開封府尹題名記碑》，兩碑並立於府內。開封府署毀於明末，原址建包公祠後，兩碑移入。「文革」時一碑被砸毀，另一碑嵌入院牆，後者 1971 年被重新挖出，現移入開封市博物館。

20

伊洛河

永熙陵

永昌陵

永泰陵

永裕陵

鞏義宋陵分佈圖

永昭陵

石河

鞏義市

永定陵

青龍山

趙姓一家人⋯鞏義宋陵

北宋皇帝葬在東京開封與西京洛陽之間的鞏義。宋代北方的風水學說跟南方有所不同，根據「五音姓利」的理論，皇家的「趙」姓對應五音（宮、商、角、徵、羽）中的「角」音，「角」又對應五行中的「木」行。木主東方，因此需要在東南高、西北低的平川上營建陵寢。鞏義宋陵在東南的嵩山與西北的伊洛河之間，分為西村、蔡莊、孝義、八陵四個陵區。趙弘殷的永安陵、趙匡胤的永昌陵、趙光義的永熙陵坐落於西村陵區，蔡莊陵區只有宋真宗趙恆的永定陵，孝義陵區是宋仁宗趙禎的永昭陵與宋英宗趙曙的永厚陵，宋神宗趙頊與宋哲宗趙煦的永裕陵、永泰陵則在八陵陵區。

今天鞏義宋陵只有仁宗永昭陵的地面建築得以重建，太宗與真宗的永熙陵、永定陵有所保護，其餘諸陵散佈在農田之間。至於宋徽宗趙佶的永祐陵所在的紹興宋六陵，南宋滅亡後就被夷為平地，如今是一片茶園，地面了無痕跡，2018 年才重新開展考古發掘工作。

一、永安、永昌、永熙三陵

雖說是世襲制，但皇帝出生時，父母未必是皇帝與皇后。皇帝原生家庭的情況往往很複雜，北宋由皇后生的太子只有宋欽宗趙桓一例。其他皇帝的家庭狀況，說起來都是一地雞毛。

唐朝滅亡時，趙匡胤的父親趙弘殷已經九歲。生下趙匡胤時，趙弘殷二十九歲，是後唐禁軍的一名將領。他的妻子杜氏應該是財主家的女兒，十二年後，他們又生下趙光義。趙匡胤的第一任妻子賀氏在趙匡胤稱帝前就去世，育有一子趙德昭。第二任妻子王氏在趙匡胤稱帝後冊立為皇后，他們的孩子

趙德芳出生於宋朝建立的前一年，雖然從小生活在皇帝與皇后組成的家庭中，但趙德芳沒有被立為太子。賀氏雖被追冊為皇后，但長子趙德昭的地位比不上趙德芳。王皇后去世後，趙匡胤又娶了第三位妻子宋皇后，宋皇后沒有育子。趙匡胤去世後，宋皇后打算立趙德芳為帝，結果被小叔趙光義搶先。背負弒君嫌疑的叔叔對兩位侄子有過皇帝輪流做之類的含糊承諾，結果趙德昭兄弟以及他們的三叔趙廷美都死於非命，皇帝輪流做的承諾直到兩百多年後趙德芳的六世孫宋孝宗時才算兌現。

趙光義與皇兄趙匡胤同父同母，據說很受母親杜氏寵愛，杜氏臨終前甚至要求趙匡胤將皇位傳給弟弟。趙光義有三位正妻，尹氏與符氏都在他繼位前去世，後來都追冊為皇后。繼位時的妻子李氏正式冊立為皇后（明德李皇后），但李皇后的兒子早夭。長子趙元佐與三子趙恆（宋真宗）都是趙光義奪取皇位之前妾生的，他們的母親李氏是普通嬪妃，而且在趙光義之前去世，趙恆繼位後才追尊其為皇后（元德李皇后）。大哥趙元佐後來發瘋了，二哥趙元侃一度被立為太子，卻突然去世，史書中甚至沒有記載他的生母是誰。趙光義後來立趙恆為太子，但李皇后更願意支持得病的趙元佐，在大臣勸阻下才放棄。總而言之，趙恆出生時距離皇位非常遙遠，排在他前面的有叔父、兩個堂兄和兩個哥哥，嫡母明德李皇后更是攔在他與皇位之間的最大障礙。

趙弘殷的永安陵、趙匡胤的永昌陵、趙光義的永熙陵坐落於西村陵區，每個帝陵向西北延伸又有祔葬的皇后陵，但先

宋太宗永熙陵

宋真宗永定陵

尋宋：讀史訪古十萬里

於丈夫去世的皇后往往祔葬於先皇帝陵。趙弘殷與杜太后合葬，但永安陵又祔葬太祖的賀皇后和王皇后、太宗的尹皇后和符皇后四位兒媳。宋太祖的永昌陵除了祔葬宋皇后，還有侄媳即宋真宗潘皇后的陵墓，宋太宗的永熙陵祔葬明德李皇后與宋真宗的生母元德李皇后，還有兒媳即宋真宗郭皇后的陵墓。

二、永定、永昭、永厚三陵

蔡莊陵區只有宋真宗趙恆的永定陵。趙恆除了將早期的兩位正妻祔葬於伯父與父親的帝陵之外，永定陵又祔葬三位皇后。三位皇后都出自武人家庭，都非明媒正娶，而且身份卑微。仁宗朝垂簾聽政的太后劉娥，本是趙恆貪圖蜀女美艷購得的人妻。趙恆為此遭到父親的嚴厲訓斥，不得不將劉娥安置於府第之外，繼位後才重新迎入宮中。郭皇后去世後，趙恆不顧

臣僚的反對，執意冊立劉娥為皇后。來自杭州的李皇后本是宮女，偶然侍寢誕下獨子趙禎（宋仁宗），母子終身不得相認，真宗去世時仍是普通嬪妾。楊皇后也是真宗繼位前所納，負責撫育趙禎，趙禎繼位後尊其為皇太妃，劉娥去世後尊為皇太后。因為隱藏著不可告人的真相，趙禎雖然被當作太子撫養，但家庭氛圍總會有些異樣。劉太后去世後，趙禎才得知自己的身世，他追冊生母為皇太后，將母親和劉、楊兩位皇太后祔葬真宗的永定陵。

雖然懷有敬畏與感念之情，但趙禎無論如何也不能接受劉太后強行為他安排的婚姻。與父親一樣，趙禎好美色，他想娶王蒙正的漂亮女兒，可劉太后偏偏將王氏許配給自己的侄子劉從德。在郭崇的孫女與張美的曾孫女兩位皇后候選人中，劉太后偏偏擇立趙禎不中意的郭氏。趙禎非常不滿，專寵張、尚、楊等美人，結果後宮矛盾升級為家庭暴力，郭皇后失手打了趙禎一巴掌。趙禎借郭后無子將其廢黜，後來又想念郭氏。郭氏要求重新冊立為皇后，結果莫名其妙死於醫療事故，身後雖被重新冊立，卻未得祔葬於趙禎的永昭陵。郭後去世後，趙禎擇立新皇后，他相中了壽州一位陳姓茶商的女兒，但是遭到臣僚們的堅決抵制，只好改立宋初名將曹彬的孫女，這就是祔葬永昭陵的曹皇后。

永昭陵西北的永厚陵，墓主是宋英宗趙曙，他的原生家庭更加特別。趙曙的父親濮王趙允讓是趙光義四子商恭靖王趙元份的兒子，也就是宋真宗趙恆的侄子，一度被趙恆接到宮中

養育，宋仁宗趙禎出生後被送還。趙允讓生了二十八個兒子，趙曙是第十三子，原名宗實。趙禎子嗣艱難，趙曙四歲時被接入宮中撫養，曹皇后的外甥女高滔滔當時也在宮中，兩小兒自幼相識。八歲時趙禎次子出生，趙十三又被送回王府。十六歲的時候，由宋仁宗與曹皇后主婚，趙十三與高滔滔成婚。二十九歲時趙十三再次被接入宮中。在王府的十餘年中，趙十三與高滔滔生下三個兒子，長子已經長到十五歲，父親趙允讓在趙十三重回宮中三年前才去世。應該說趙曙的日子談不上險惡，只是趙禎的妃嬪們每次生育都會刺激濮王府祖孫三代的神經。趙禎的三位皇子都早夭，卻生了十三位公主，如果這些

宋神宗永裕陵

宋仁宗永昭陵石像生

信息每次都讓趙十三患得患失，那麼他後來精神上的某些問題似乎也是可以理解的了。

趙曙繼位後不久便精神失常，他與嫡母曹太后鬧翻，當了四年皇帝便因病去世。曹太后又過了十二年才去世。趙曙去世前，他的長子趙頊已經成婚。作為皇帝的嫡長子，趙頊打破了皇室與武將聯姻的慣例，迎娶了故宰相向敏中的曾孫女。趙頊的前十五年生活在濮王府，難以想像父親的遭遇給他造成了甚麼樣的影響。他任用王安石變法，首先需要全盤否定仁宗之治，那麼這中間會不會隱藏着某種私怨呢？宋神宗趙頊在位時，後宮其實有三位皇后，即太皇太后曹氏、母后高氏，以及自己的皇后向氏。趙頊後來將祖母曹氏安葬在宋仁宗的永昭陵。母后高氏則在趙頊去世後將新法盡行廢除，後來由她的孫子宋哲宗將其安葬於宋英宗的永厚陵。

三、永裕、永泰、永祐三陵

趙頊生了十四位皇子，都非向皇后所出。趙煦只是第六子，他的母親朱氏是卑微的宮女。但趙煦的五個哥哥都早夭，父親英年早逝，趙煦在十歲時繼位。向太后與趙煦的生母朱氏都活到徽宗朝。徽宗的母親陳氏出身也很卑微，為丈夫守陵悲傷過度而去世。徽宗繼位後，追冊生母陳氏及哲宗生母朱氏為皇后，祔葬宋神宗永裕陵的皇后包括向氏、陳氏與朱氏，還有神宗兒媳即宋徽宗的第一位正妻王皇后。

趙頊去世時趙煦只有十歲，傳說當時高太后考慮過讓趙

項的兩個弟弟即三十六歲的趙顥或三十歲的趙頵繼位。趙煦繼位後，太皇太后高氏垂簾聽政，高氏廢新法，又在趙煦十七歲時為其擇立皇后孟氏。成婚的第二年，高太后去世，趙煦恢復新法，冷落孟皇后，寵幸平民出身的劉婕妤。劉婕妤與孟皇后宮鬥，因為孟皇后讓姐姐帶符水入宮治病等事，在宮中興起大獄，結果孟皇后被廢為女冠（道士）。劉婕妤則誕下一子，被冊立為皇后。不久趙煦去世，劉氏所生皇子夭折，向太后擇立哲宗弟趙佶，又複立孟氏，差點還廢黜劉皇后。不久向太后去世，宋徽宗為恢復新法再次廢黜孟皇后，劉氏也保住了後位。但劉皇后試圖干預朝政，竟被內侍逼得自縊身亡，趙佶將其祔葬於皇兄的永泰陵。至於孟皇后，因為被廢為女冠，後來幸免於靖康之難，被偽楚政權的張邦昌重新迎立為宋太后，孟氏又勸徽宗第九子趙構稱帝，這一舉動，竟成為南宋政權合法性的重要來源。

神宗的第十一子趙佶從未獲得過皇儲地位，他在意外繼位的前一年迎娶王氏，繼位後冊其為皇后，並生下太子趙桓，組成了完美的皇帝家庭。王皇后去世後祔葬神宗永裕陵，繼立的鄭皇后與趙佶都在五國城（今黑龍江依蘭西北）去世。趙佶與鄭氏的遺骸後來被迎回南宋，同被迎回的還有被遙尊為宣和皇后的趙構生母韋氏，後來一帝二后都葬於會稽的宋徽宗永祐陵。至於出身完美的宋欽宗趙桓，卒地尚有五國城與燕京（今北京）兩種說法，帝陵在肇義還是紹興也不得而知，陵號永獻似乎只是一個空名。

相關事件年表

1127 金立張邦昌為帝，虜徽欽二帝北還，史稱靖康之難。

張邦昌迎孟皇后聽政

趙構在應天府即位，是為宋高宗。

宗澤守開封

1128 宗澤憂憤卒

1141 宋金達成第二次《紹興和議》，岳飛遇害。

1142 宋徽宗、鄭皇后遺骸自金還。

策劃編輯　　　梁偉基

責任編輯　　　梁偉基

書籍設計　　　a＿kun

書　　名　　尋宋：讀史訪古十萬里

著　　者　　吳錚強

出　　版　　三聯書店（香港）有限公司

　　　　　　香港北角英皇道 499 號北角工業大廈 20 樓

　　　　　　Joint Publishing (H.K.) Co., Ltd.

　　　　　　20/F., North Point Industrial Building,

　　　　　　499 King's Road, North Point, Hong Kong

香港發行　　香港聯合書刊物流有限公司

　　　　　　香港新界荃灣德士古道 220-248 號 16 樓

印　　刷　　美雅印刷製本有限公司

　　　　　　香港九龍觀塘榮業街 6 號 4 樓 A 室

版　　次　　2021 年 6 月香港第一版第一次印刷

規　　格　　大 32 開（132 × 210 mm）344 面

國際書號　　ISBN 978-962-04-4783-9

© 2021 Joint Publishing (H.K.) Co., Ltd.

Published & Printed in Hong Kong

本書中文繁體字版由中華書局（北京）授權出版